樋口裕一のひとつ上の日本語ドリル

付 樋口式日本語力判定テスト

多摩大学名誉教授
樋口裕一

はじめに

「ひとつ上」くらいがちょうどよい

世の中、「ちょうどよい」ものが意外にありません。

テレビを見ていてもそうでしょう。若い人にウケているお笑い番組の中には、私くらいの年代には何が面白いのか、サッパリわからないものがいくつもあります。年配者向けの趣味・教養番組などは、渋すぎるというか高尚すぎるというか、「まだ、ちょっとそこまでは……」という近寄り難さがあり、敬遠してしまいます。

テレビに限らず、本もしかり、ファッションや趣味・娯楽もしかりです。特に、ある年齢から上の人たちの嗜好に合う「ちょうどよい」ものが、今の時代はとても少ないように思えます。

そこで、この本『ひとつ上の日本語ドリル』です。スイスイ解けて手応えがなさすぎることはなく、難解すぎて手が出ないほどでもありません。皆さんにとって「ひとつ上」くらいのところに、狙いを定めてみました。そのくらいの骨があって「ちょうどよい」のだと思います。どうぞ、楽しんで取り組んでください。

樋口裕一

読者モニターへの謝辞

本作りは共同作業です。多くの方のご協力とご支援をいただいて、はじめて一冊の本になります。今回は、とりわけ読者モニターを快くお引き受けくださった方々に、この場をお借りして心よりお礼を申し上げます。

きっかけは、ふとした疑問からでした。問題を作っていると、果たしてこれが易しいのか難しいのか、判断できなくなってくるのです。ためしに何人かの知人に二、三問解いてもらうと、反応も解答も実にさまざまです。「あれ、私の感覚がおかしいのかな？」そう思ってブックマン社編集長小宮亜里氏にお話ししたところ、この手の本としては大がかりなモニター調査を実施していただけることになりました。

その結果、大変興味深いデータが得られました。事前に私が想定した難易度や解答予想を裏切る問題がいくつも出てきたのです。私が思いつかなかったような面白い解答、ユニークな解答、優れた解答もたくさん出てきました。この本の中で折に触れてご紹介していきます。

私の著書では初の試みとなったモニター調査ですが、私自身とても得るところがありました。同時に、読者モニターの方々との共同作業によってこの本を世に送り出せることを、大変うれしく思います。本当にありがとうございました。

読者モニターご協力者氏名（順不同、ペンネーム含む）

ぷーさん
みち
みっこ
あーちゃん
佐藤俊彦
佐藤養子
佐藤元一
佐藤智
永田千広
つららマン2世
ジュン
加藤政男
土屋一郎
タロウ
ちんぷんカンプン
八三郎
小夜
朝月まな
西恵子
KTK
矢崎貴大
古代大和
クロブタ
ホイちゃん
ドン子
ヤーヤ
akemi
新垣文子
イダアナのママ
寒田辰未
寒川蛙
吉田陽子
あおなか
加藤結輝
YAKA
好村由香
好村文希
相良牧子
ツインズペアレント
矢野久美子
もりもり
ぶーちゃん
熊谷亜由子
加藤由紀
蜷川博美
渡辺恵美
大久保京子
芥川漱石
増田美佳
中村啓子
星野洋子
キャプテン
はな子
キタキツネ
加藤農園
百獣の王
渋花
鶴巻孝近
高橋貞夫
山王PPのみなさん
田中光代
＊他43名の方々から
ご協力をいただきました。

● 読者モニターの世代別／性別構成

49歳以下……25名
50歳代………27名
60歳代………25名
70歳以上……25名
総計 102名（内訳：男性47名・女性55名）

● 平均年齢／最年少／最高齢

平均年齢 58.5歳
最年少 24歳
最高齢 86歳

お品書き

梅コース

いまどきの中学生には負けない!

中学卒業程度

竹コース

スマホ漬けの高校生には難しいかも？

高校中級程度

松コース

受験生諸君、解けなきゃダメでしょ！

高校卒業程度

本文写真提供・協力(五十音順)
江崎グリコ/JA全農えひめ
JT(日本たばこ産業株式会社)/ネスレ日本

多彩なネタをご賞味ください

梅コース

中学卒業程度

いまどきの中学生には負けない！

梅コース　お品書きにかえて

最初は軽いウォーキング程度に思って、気楽に取り組んでください。問題は《書く・読む・知る・伝える・考える》の順番で「5つのチカラ」を試し、鍛えていけるように考えて構成してあります。

解答が1つに定まる問題ばかりではありません。考え方によっていくつもの正解や正解候補が出てくるような問題も、少しだけ組み込んであります。

梅コースでは、私たちの日常生活に密着して、普通に見たり聞いたり話したりしていることなのに、改めて問われるとスッと出てこないような、ちょっとひねりの利いた問題を豊富に取り揃えてみました。読んで考える、必死に思い出す、あれこれ推測しながら悩む、もどかしい思いをする……。このプロセスが楽しいのです。

まずはチャレンジしてみましょう。

凡例

【正答率】読者モニター（102名）のうちの正解者の割合。

【全問正解率】複数の問題をすべて正解した読者モニターの割合。

【脳活性化チャート】問題を解く際に必要な「能力バランス」を視覚的に例示。科学的根拠はなく、あくまでも経験的・感覚的な指標。

【解答例】複数の解答が可能な問題。解答例を見て正誤判断ができないときは、何人かによる合議（多数決）によって判断する。

【正解】解答がただ1つに定まる問題。

【類題】その問題に関連して、復習や応用を試す練習問題。

書くチカラ 柔らかい表現に変える

正答率

68%

脳活性化チャート

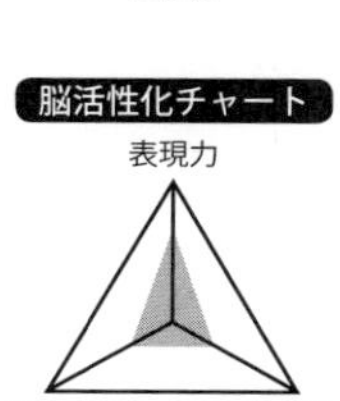

問題一

次の「だ・である」調の文章を、「です・ます」調に書き改めてください。ただし、幼い印象を与える〈形容詞の終止形＋です〉の表現は避けてください。

（例）今日は楽しい。↓ ×今日は楽しいです。

我輩は猫である。名前はまだ無い。

解答欄

【出題のねらい】品格ある大人の文章を書く。

解答例

我輩は猫〔です／でございます／であります〕。
名前はまだ〔ありません／ついていません〕。
×名前はまだ無いです。↓〔形容詞の終止形＋です〕より不正解。

解説

お天気キャスターの品格チェック

「無い」は形容詞です。「無いです」とせずに「ありません」と書いて幼稚さを解消します。会話でもむやみに〈終止形＋です〉を多用しないほうが大人っぽく、品のよい印象を与えます。
たとえば天気予報では、「暖かい・寒い・過ごしやすい」などの形容詞をよく使います。それらをどう伝えるかで、気象予報士やキャスターの言葉のセンス、品格のようなものがうかがえます。
△「昼間は暖かかったですが、現在はとても寒いです」
○「暖かかった昼間とくらべ、現在はかなり寒くなっています」
やはり前者は幼い感じ、雑な印象を聞き手に与えます。今度から、お天気キャスターのコメントを注意深く聞いてみましょう。

●「無いです」「楽しいです」の違和感

「名前はまだ無いです」や「今日は楽しいです」など（形容詞の終止形＋です）は、かつてはない表現だったため、違和感を覚える方も少なくないようです。現在は「正しい日本語」として容認され、会話では普通に使われるようになっています。

ただ、これを文章にすると、小学生の作文のような幼い印象を与え、今でも違和感が残ります。それを避けるために、「名前はまだありません」「今日は楽しい日です」などと表現を工夫して書くことを勧めます。（→27ページに関連問題）。

読むチカラ

問題7 薬は用法・用量を守って

小学5年生の子どもが少し熱っぽく咳も出ているので、市販の風邪薬を買ってきました。次の注意書きに従ってどうすべきかを判断し、その内容を書いてください。

〈用法・用量〉
下記の１回量を1日３回、食後なるべく30分以内に服用して下さい。
成人（15歳以上）：３錠
11歳以上15歳未満：２錠
７歳以上11歳未満：１錠
７歳未満：服用しないで下さい。

〈用法・用量に関連する注意〉
12歳未満の小児には、医師の診療を受けさせることを優先して下さい。

正答率

61%

脳活性化チャート
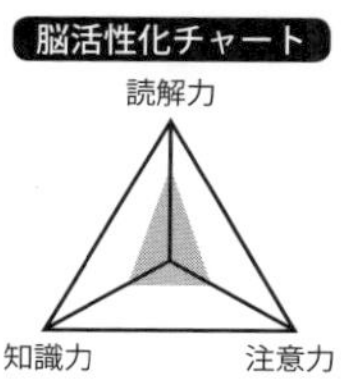

解答欄

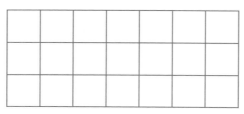

【出題のねらい】物事を曖昧にしない。

解答例

薬を飲ませず、医師の診療を受けさせる。

（注）小学5年生は10歳か11歳。12歳未満なので診療を優先。

解説

「カンニング」も立派な脳トレ

「小学5年生は何歳なのか？」がポイントです。ここが曖昧だと、いくら注意書きを正しく読めても、判断を間違う可能性が高くなります。正答率がやや低かったのもそれが理由でしょう。

「知らないこと」や「思い出せないこと」を放置するのは気持ち悪いものです。このドリルでは、どうしてもわからないことを（こっそり）ネットや辞書で調べてもかまいません。「物事を曖昧にしない習慣」をつけること自体、立派な脳トレになるからです。

類題❶

「高校3年生は、その秋の選挙で全員が投票できる」は正しいでしょうか。理由も答えてください。

⬇解答は51ページ

●「学年・年齢」は１つだけ覚えればＯＫ！

「小学１年生は、その学年内（厳密には４月２日〜翌年４月１日）に６歳から７歳になる」。この定義だけを覚えておくと、「２年生は７歳から８歳」「３年生は８歳から９歳」……「５年生は10歳から11歳」……と順にたどっていけます。

中学３年生は「14歳から15歳」、高校３年生は「17歳から18歳」。団塊の世代は高校と大学の進学時に苛酷な受験競争にさらされ、当時、「15の春は泣かせない」「四当五落」などの流行語が生まれました。今ではどちらも死語です。

知るチカラ

問題三

親の顔が見てみたい

次の文の空欄に入る魚の名前を、それぞれ後の解答群の中から選んで書いてください。

①タラコは□の卵です。

②イクラは□の卵です。

③数の子は□の卵です。

解答群

鰈　鯖　鰊　鰹　鮪　鱈　鰆　鮭

【出題のねらい】手を動かして書く。

全問正解率

81%

脳活性化チャート

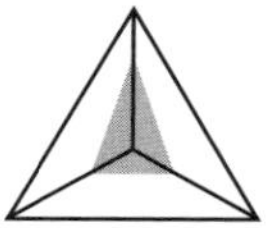

正解

①鱈（タラ）　②鮭（サケ）　③鰊（ニシン）

(注) 解答群の漢字は上から「カレイ」「サバ」「ニシン」「カツオ」「マグロ」「タラ」「サワラ」「サケ」

解説

「書いて脳トレ」は簡単な礼状から

久々に画数の多い漢字を書いた、という方も少なくないでしょう。漢字を書写するだけでも、字画の把握や書き順の推測、とめ・はねの細かい手の動きなど、たくさんの脳を使います。「鰊のつくりはこうだったのか！」とか「鱈のつくりはなぜ雪？」など、ちょっと立ち止まって思考をひろげられるのも「書く」ことの効用です。ちなみに「鱈」の由来は、「魚肉が雪のように白い」「雪が降る寒い時期にとれる」のふたつの説があるようです。

いつもは電話やメールですませるお礼や挨拶なども、たまには筆でしたためてみてはどうでしょう。ハガキなら文章の量は150～200字ほど、「書いて脳トレ」にちょうどよい長さです。

類題❷ 親の顔が見てみたい〈パート2〉

次の①～③の加工食品は、いずれも魚の卵を原材料にしています。それぞれ何という魚でしょうか（漢字で書く必要はありません）。

① 明太子

② とびっこ

③ からすみ

➡ 解答は51ページ

伝えるチカラ

問題四

ビビッときたらチャチャッと

全問正解率

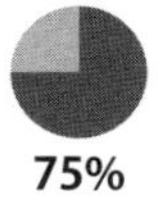

75％

脳活性化チャート

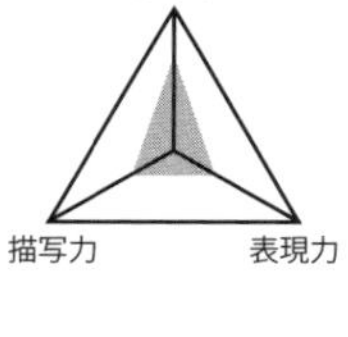

「ピカピカ」「ゴロゴロ」などの擬態語や擬声語は、状況や状態、感情などを簡潔に表す便利な表現です。次の様子を表す４文字の擬態語や擬声語を例文の空欄に入れてください。

（例）期待感で胸が弾む　↓　ワクワク／ウキウキ／ルンルン……など

①しつこくてくどい

□□□□と彼を叱責する課長にイラッとした。

②曖昧に笑って追従する

□□□□している係長にカチンときた。

③嫌なことを後に引きずらずに爽やか

□□□□している彼にホッとした。

【出題のねらい】イメージを言葉で表す。

解答例

①ネチネチ／クドクド／ウダウダ
②ヘラヘラ／ニタニタ／ヘコヘコ
③サバサバ／サッパリ／ニコニコ

解説

答え合わせは周囲の人を巻き込んで！

正解が複数出てくる問題では、紙面の関係ですべての正解例を載せられません。判断できない場合は、周囲にいる何人かに自分の答案を見せて「コレ、合っていると思う？」と聞いてみてください。三人のうち二人が同意してくれれば多数決で正解です。

脳の老化予防で大切なこととして、専門家はかならず「周囲とのコミュニケーション」を上位に挙げます。そのきっかけを作るために、この本を上手に活用してほしいと思います。

「グチグチは？」「アリだね」「グジグジもよくない？」「感じ出てる」「そういえばウチのお局さまはツンデレでさ」「え、どういう意味？」……などと本題から離れてもかまいません。

類題❸ 人の性格を表すオノマトペ

擬態語や擬声語などをまとめて「オノマトペ」（フランス語由来）と呼ぶことがあります。次のような人の性格を表す４文字のオノマトペを書いてください。

「あの子は、普段は素っ気なく冷たい態度で人に接するけど、お気に入りの男性には急に態度を変えて甘えるところがあって、そのギャップが激しいよね」

➡ 解答は51ページ

考える チカラ

問題五

一円玉を増やしたくない

次の文章を読んで、後の問いに答えてください。

お店で87円の品物を買うのに、財布から１００円硬貨１枚と１円硬貨２枚を出して渡し、もらったお釣りを財布にしまった。

問一　お釣りはいくらだったでしょうか。

問二　買い物をする前に比べて、財布の中の硬貨の数はどうなっているでしょうか。次のア～エから選んでください。

ア　減っている　　イ　増えている

ウ　変わらない　　エ　これだけではわからない。

【出題のねらい】「待てよ？」と疑ってみる。

解答欄

問一　□円

問二　□

全問正解率

53%

脳活性化チャート

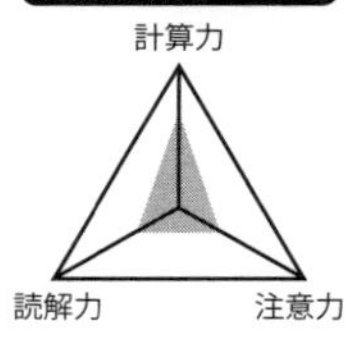

正解

問一　15円
問二　エ

解説

「小銭減らし」は実用計算ドリル

お釣りの渡し方にも何通りかあることがポイントです。読者モニターの正答率を個別に見ると、問一は96%でほとんどの方が正解できていますが、問二で53%に急落します。

間違えた方の多くは、アの「減っている」を選びました。15円のお釣りを「十円玉1枚と五円玉1枚」と思い込み、五円玉3枚（もしくは十円玉1枚と一円玉5枚など）で戻ってくる可能性までは考えなかったのでしょう。

最近はスーパーなどのレジに精算機が普及し、機械相手に支払いをすませることが増えてきました。愛想はありませんが、購入額と投入金額、お釣りが数字で大きく表示され、「小銭減らし」の脳トレにはむしろ向いています。買い物ついでの計算ドリルです。

●「高齢者ほど騙されやすい」は本当か？

問二を間違えた読者モニターの年齢区分による比率を調べたところ、59歳以下が42%、60歳以上が58%でした。この結果だけを見ると「高齢者ほど言葉に対する注意力が低下する」と言えるかもしれません。ただし、80歳代（７名）に限ると、正解が４名、不正解が３名で、正解者が半数を上回っています。

「高齢者ほど騙されやすい」はあくまでも一般論です。そもそも「高齢者」を一括りにした統計調査なども、「本当にそうか？」と疑ってみる必要があるでしょう。

コラム

若さを保つ日本語のチカラ①

「読み書き」に勝る脳トレはなし

――生涯現役のヒミツ

クラシックの世界では、70歳、80歳を過ぎてなお現役で活躍し、いっそうの輝きを増す音楽家がたくさんいます。私が好きなヘルベルト・ブロムシュテットもその一人です。90歳を過ぎた現役最高齢レベルの指揮者ですが、つい最近も来日して、素晴らしい演奏を私たちに聴かせてくれました。

彼らはなぜ、生涯現役でいられるのでしょう。早い話、なぜ年を取ってもボケない、今の言葉では「認知症にならない」のでしょうか？　その秘密は「読み書き」にあると私は思っています。

指揮者が「読む」のはオーケストラの楽譜です。交響曲は音による壮大な構築物です。指揮者は楽譜から作曲家の意図を読み解き、独自の解釈を施し、構築物の細部から全体にいたるすべてを頭に焼きつけます。そして、実際にオーケストラを動かし、その構築物を聴衆に披露します。これが指揮者にとっての「書く」です。

彼らがボケないのは、こうした「読み」と「書き」を日常的、継続的に行っているからではないでしょうか。単純なことですが、これこそ生涯現役の秘密なのだと思います。

私たち凡人は指揮者にはなれませんが、「読み書き」を続けることはできます。特に日本語の読み書きは、時や場所を選ばず、お金もかかりません。簡単なようで難しく、奥が深い言葉の世界に遊ぶのは、楽しくもあり、脳を若々しく保つ「杖」にもなるのです。

お好みネタ
本日のおすすめ

右と左

「お好みネタ」は、箸休めとして気が向いたときにおつまみください。最初のテーマは、日常生活から文化、国際儀礼まで深くかかわっている「右と左」です。

全問正解率

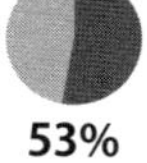

53%

脳活性化チャート

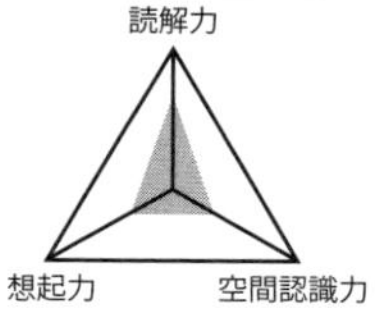

右に座る大臣のほうが偉い？

問題A

次の文章を読んで、空欄①～④に「右」または「左」を記入してください。

日本では古来より「左上右下（さじょう・うげ）」といって、「左が上位、右が下位」の伝統がある。たとえば、雛人形を飾るとき、左大臣は雛壇に向かって（ ① ）側、つまり最上段のお内裏様から見て（ ② ）側に置く。左大臣のほうが右大臣よりも地位が高いからだ。ところが欧米では日本と逆の「右上位」で、たとえばオリンピックの表彰台では、銀メダリストは観客から見た（ ③ ）側、すなわち勝者の（ ④ ）側に立って健闘を讃えられる。

解答欄

① □

② □

③ □

④ □

ご飯と汁、おかずの配膳

正答率

82%

脳活性化チャート

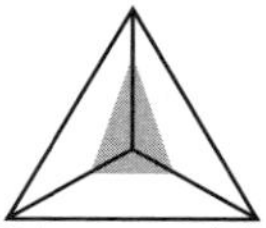

問題B

「一汁一菜」は、主食（お米のご飯）の他に、汁物とおかず各1品で構成される日本の伝統的な食事様式です。次のア～エのうち、一汁一菜の正しい配膳を選んでください。ただし、おかずとして描かれている魚はサンマの塩焼きを表しています。

解答欄

ア

イ

ウ

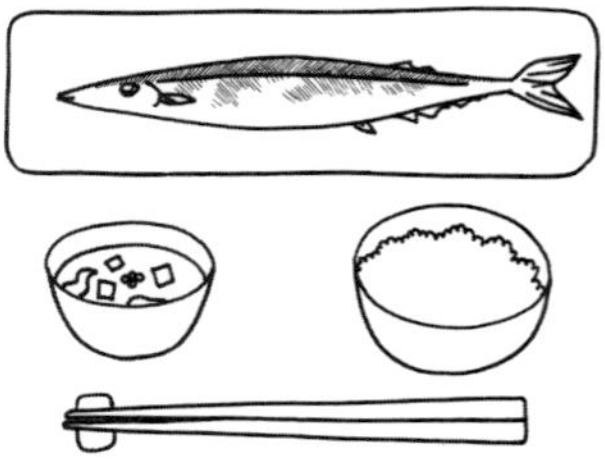

エ

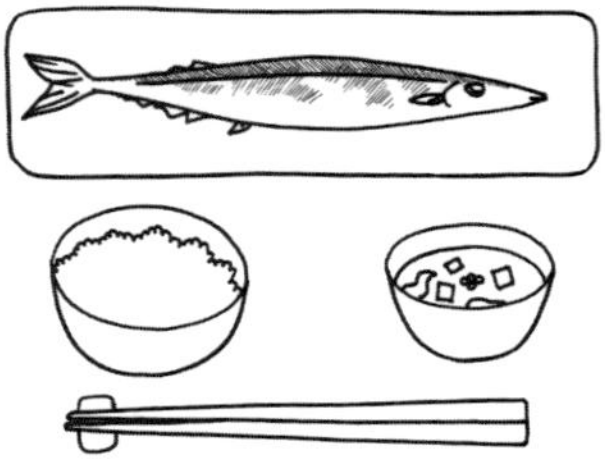

【出題のねらい】普段意識しないことに目を向ける。

正解

問題A　①右　②左　③左　④右

問題B　イ

解説

外務省のホームページは面白い！

問題Aは、４つの空欄のうち1つでも確定できれば、残りは自動的に埋まります。たとえば③が「左」とわかれば④は「右」、欧米と逆の日本では①が「右」、②は「左」となります。

国際儀礼（プロトコル）は「右上位」が原則で、現在の日本もそれに従っています。外務省のホームページに詳しい説明がありますので、ちょっと覗いてみてください（「外務省　国際儀礼」で検索）。

類題❹

日本がホスト国となり外国の首脳を招きました。両国の国旗掲揚の際、日本の国旗は向かってどちら側に配置されるでしょうか。

⬇解答は51ページ

●「左上右下」の伝統を守る京都の雛人形

現在の日本では、伝統的な「左上右下」と国際儀礼の「右上位」が混在しています。たとえば、京都の雛人形（京雛）は、男雛が「向かって右」に配されるのに対して、関東雛では男雛が「向かって左」に置かれます。なぜでしょうか？

「左上右下」の伝統では京雛の配置が正式です。しかし、明治期以降、皇室の公式行事が国際儀礼の「右上位」にならうようになり、それに合わせて従来と逆の関東雛が普及しました。そんな風潮の中、京雛は古の伝統を頑なに守ってきたのです。

書くチカラ

幼い印象を与えない文章

問題六

次の文の傍線部を「です・ます」調に改めてください。その際、〈終止形＋です〉の表現は避けてください（14ページ下段のコラム参照）。

全問正解率

26%

脳活性化チャート

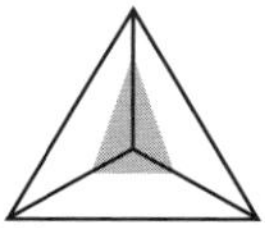

① 同窓会に出たのは二〇年ぶりだった。

② 総じて男子より女子のほうが、元気で若々しい。

③ 昔話より血圧や肝臓、親の介護の話題が多かった。

【出題のねらい】言語操作能力の鍛練。

解答例

①二〇年ぶりでした／二〇年ぶりのことでした

②若々しい〔印象／感じ／様子〕です

若々しく〔見え／感じ／思え〕ます

③多く〔聞かれ／出／出てき〕ました／多くを占めました

多かったように思います／たくさん出ました／中心でした

〔注〕①と③は過去形、②は現在形にする。

解説

日常会話の言い換えで「頭の体操」

形容詞の終止形を「です・ます」調に言い換えるには、「若々しい印象です」のように名詞をはさんだり、「思う」「感じる」などの動詞を加えたりする工夫が必要になります。

普段の会話でも、〈終止形＋です〉を使わないように意識することで表現の幅がひろがり、頭の体操にもなります。たとえば「美味しかったです」と言いそうになったときは、「美味しいお料理でした」「美味しくいただきました」などと言い換えるのです。

● 頭がよくなる言語操作トレーニング

この問題に関連して、注目に値するデータが得られました。問題六を全問正解した27名の梅コース（全44題）の平均正答率は80％で、全問正解できなかった75名の梅コース平均正答率（64％）より16ポイント上回っていたことです。

つまり、この手の記述問題に強い人は、ズバリ「頭がいい人」ではないでしょうか。もっとも、「頭がいい」はあくまでも結果です。言葉を繰って文章を書く言語操作トレーニングを積むことで、結果的に頭がよくなるのだと私は考えます。

読むチカラ

問題七

HAIKUを解釈する

次の英訳された有名な俳句を、日本語で書いてください。空白や句読点は不要です。

全問正解率

49%

脳活性化チャート

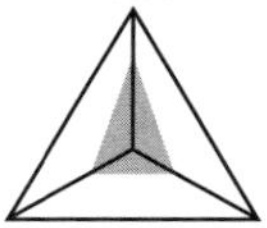

①The ancient pond
A frog leaps in
The sound of the water.
（ドナルド・キーン訳）

②Deep autumn;
My neighbor,
How does he live?
（レジナルド・ブライス訳）

解答欄

①

②

【出題のねらい】わかる単語と語感で類推する。

正解

①古池や蛙飛び込む水の音
②秋深き（し）隣は何をする人ぞ

解説

「詰め込み世代」の実力恐るべし！

いずれも松尾芭蕉の代表的な俳句です。②は厳密に書くと「秋深き」ですが、ここでは「秋深し」でも正解とします。読者モニターの正答率は①、②ともに58％ですか、全問正解率は49％にまで下がります。

世代別では、全問正解者50名のうち70歳以上が14名で、高い割合で正解できています。この世代は、戦後からのいわゆる「詰め込み教育」を受けて育ち、家の事情でやむなく高校、大学への進学を諦めた方も少なくありません。それでも向学心が強く、貪るように本を読んできた世代なので、教養や知性のレベルは、今の平均的な大学生よりもはるかに高いように思います。ちなみに49歳以下（25名）の全問正解者はわずか5名でした。

類題❺ 心にしみる俳句を英訳で味わう

せっかくなのでもう１題。次の英訳された俳句を日本語で書いてください。

What stillness!
The voices of the cicadas
Penetrate the rocks.　（レジナルド・ブライス訳）

➡ 解答は51ページ

知るチカラ

いつも迷って間違えるやつ

問題八

日本の都道府県について、次の問いに答えてください。

①「茨城県」の読みをひらがなで書いてください。

②信濃川の河口がある県名を漢字で書いてください。

県

③日本海に面し、鳥取県の西側と接している県を、次のア～エから選んでください。

ア　山口県　イ　島根県　ウ　兵庫県　エ　石川県

解答欄

【出題のねらい】言葉からビジュアルを引き出す。

全問正解率

24%

脳活性化チャート

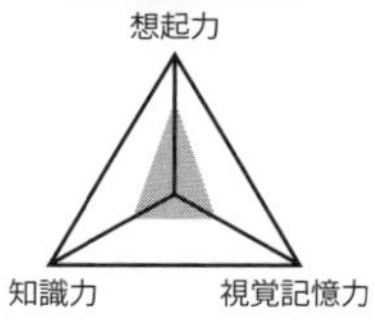

正解

①いばらきけん
②新潟（県）
③イ

潟

解説

ひとりで楽しめる「地理脳トレ」

読者モニターの正答率は①が78％、②が37％、③が75％でした。
②は予想通り「潟」を正しく書けない方が続出し、信濃川からの連想で「長野県」と書いてしまった方もいました。
この手の「地理クイズ」は、暇なときにひとりで楽しめます。たとえば日本の47都道府県をすべて書き出すクイズ。おそらく1つか2つは欠けが出ると思います。ここからが脳トレ本番です。
「あれ、足りないぞ？」となったとき、モヤモヤしてすぐに調べたくなるでしょう。しかし、そこをぐっと堪え、自力で思い出せるまで粘ってみましょう。「モヤモヤ感」と戦っている間、脳は目まぐるしく働き、ものすごく活性化しているはずです。

類題❻「海なし県」を当てる

次のうち、海に面していない府県をすべて選んでください。

山形県	栃木県	滋賀県
京都府	三重県	熊本県

➡ 解答は51ページ

伝える チカラ

魚のひれを説明する

問題九

魚類は、水の中を泳ぐために次のような5種類のひれを持っています。

背びれ　胸びれ　腹びれ
尻びれ　尾びれ

魚のことをよく知らない子どもには、図を描きながら説明してあげるとわかりやすいでしょう。下の図に5種類のひれを模式的に描き、それぞれのひれの名称を脇に書き込んでください。形よりも位置に注意してください。

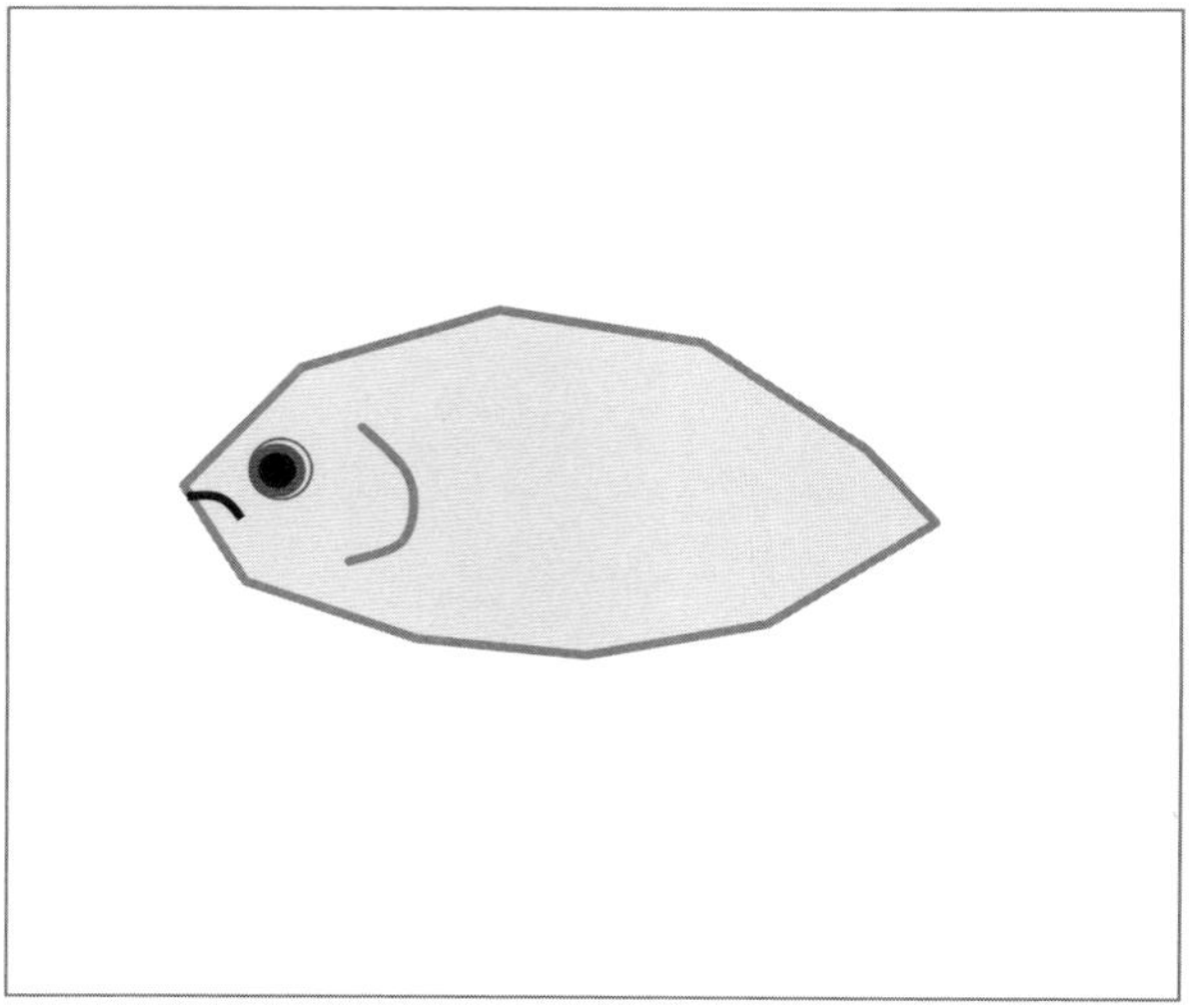

正答率

65%

脳活性化チャート

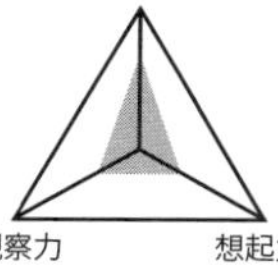

【出題のねらい】描いてわかる知識の不確かさ。

正解

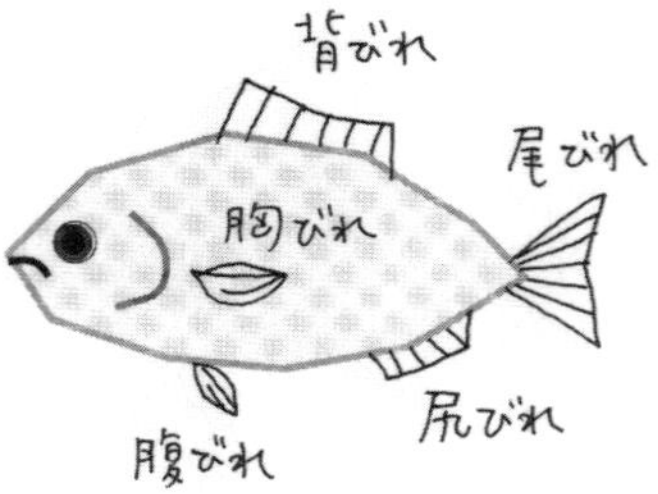

▼読者モニターの誤答例

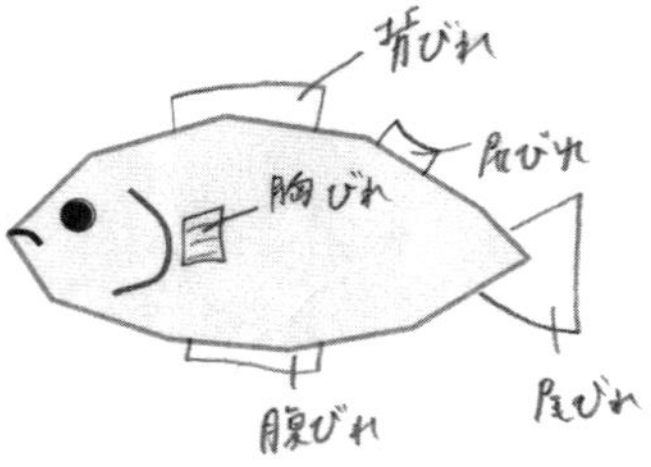

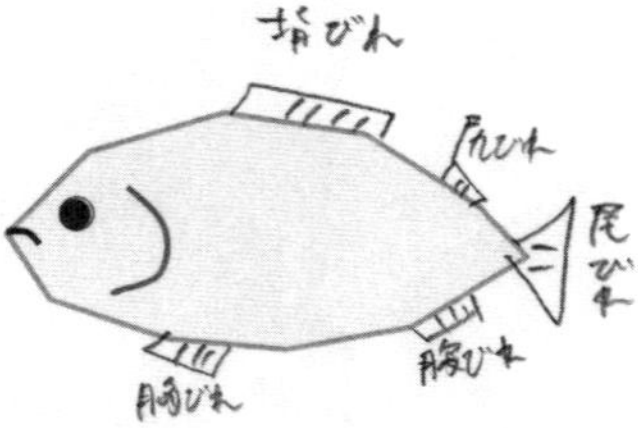

解説

魚の胸・腹・尻はどこ？

モニター答案を見ると、背びれと尾びれは正確に描けていますが、胸びれ・腹びれ・尻びれが曖昧になっている方が多いようです。人間の胸・腹・背・尻の位置感覚で魚を捉えた場合、確かに誤答例のような勘違いが生じるのも納得できます。

魚屋さんを通りかかったときは、ひれの位置関係をじっくり観察してみてください。ついでにイカがあったら、目や口がどこについていて胴や頭はどこなのか、お店の人に訊ねてみましょう。

● 女性の間違いが男性よりも多い理由

読者モニターの正答率は65%で、まあそのくらいだろうとは予想していました。ただ、女性の誤答者が多かったのには少々驚きました。不正解者35名のうち女性が26名を占めました。４人に３人の割合です（約75%）。

なぜでしょう？　生物学的に、男性は女性よりも空間認識能力や図形処理能力に優れているという仮説があります。それと関係しているのでしょうか。このあとの問題でも似たような結果が出てきますので、ちょっと頭の片隅に留めておいてください。

考える チカラ

問題十

品詞分解で意味をつかむ

次の①〜③の文を、意味が読み取れるように、漢字仮名交じり文に書き改めてください。

(例) すもももももももものうち。→「スモモ」も「桃」も、桃のうち。

① ははのはははははいしゃ。

② とばすとはとばすはとばす。

③ きとくはかぎょう。

全問正解率

57%

脳活性化チャート

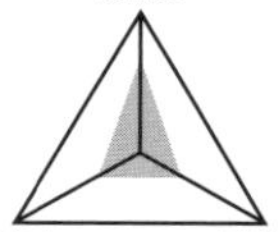

【出題のねらい】粘り強く試行錯誤する。

正解

①母の母は歯医者。

②「都バス」と「はとバス」は飛ばす。

③「き」と「く」はか行。

解説

外国人から見た日本語の難しさ

もし日本語表記が漢字を使わない平仮名だけだとしたら、この問題のように一文を読み取るのにも難儀するでしょう。普段はあまり意識していませんが、平仮名に漢字やカタカナが混じることで、私たちは日本語の文章を効率的に読んで理解できるのです。

ただ、外国人にとっては、それが日本語習得の難しさ、煩わしさの要因の1つになっています。言語の違いは文化の違いでもあるため、誤解や勘違い、戸惑いなどが生じるのです。『日本人の知らない日本語』（KADOKAWA、全4巻）は、そんな異文化間コミュニケーションの難しさ、滑稽さ、楽しさをリアルに描いた傑作マンガです。抱腹絶倒の「日本語論」をお楽しみください。

●「一時棚上げ」で思い込みを解き放つ

この問題で一番正答率が低かったのは③でした。読者モニターの正答率は、①が98%で滑り出しは順調です。ところが②で79%、③で66%と、正答率が階段状にガクンガクンと落ち込み、全問正解率は57%にとどまりました。

③は「きとく」を「危篤／既得／奇特」だと思い込んでしまうと、いくら時間をかけても正解できません。経験的に、こういうときは散歩や昼寝などで間をおいてから再挑戦すると、「あっ！」とひらめくことが多いように思われます。

コラム

若さを保つ日本語のチカラ②

「読んで書く」は人生そのもの

――正解のない言葉の世界

私たちは、私たち自身の人生を日々更新しています。その媒介となり礎となるのが言葉です。

散歩に出てふと足元を見ると、名も知れぬ雑草が硬いアスファルトの路面を突き破って新しい芽を出しています。それを見て小さな感動を覚えます。私たちはその感動を言葉で表したい、そして誰かに伝えたいと思います。

ここには「正解」などありません。何を見てどう感じるかは、人によって違うかもしれません。同じ物を同じ角度から見ていても、人によって見え方、感じ方が違う可能性があります。さらに、自分が体験したことをどう伝えるかも千差万別です。

見たり感じたりする受信は「読む」こと、感じたこと考えたことを誰かに発信するのは「書く」ことでもあります。いずれも言葉が介在しますが、「正解」はありません。「書く」について言えば、楽しく書くか、情感豊かに書くか、斬新な表現で書くか、論理的に書くか、そこに「私」という人間の個性が出てきます。「書く」ことの中に、ここまで歩んできた人生が映し出されます。

つまり、「読み書き」は人生の多様性そのものです。人生に正解がないように、「読む」にも「書く」にも正解がありません。それでも正解を求めて読み書きを続けることが、まさしく生きる意欲、エネルギーの源泉になっているのだと私は思います。

お好みネタ
本日のおすすめ

縁起

日本人は昔から、縁起を担ぐのが好きな民族です。科学的でないと言われても、やはり気にしてしまうものです。お茶でも飲みながら気楽にどうぞ。茶柱が立てば吉！

おやじギャグで全問正解!?

全問正解率

25%

脳活性化チャート

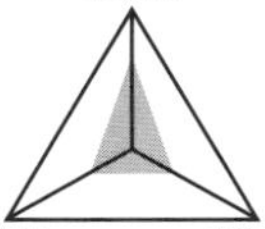

問題A

受験シーズンになると「合格グッズ」なるものがコンビニやスーパーに並びます。次の商品はいずれも受験生にとって縁起がよいとされるものです。その理由を書いてください。

① キットカット（ネスレ日本）

理由 ……………………………………

……………………………………

② 伊予柑

理由 ……………………………………

……………………………………

③ ポッキー（江崎グリコ）

理由 ……………………………………

……………………………………

忌み言葉を言い換える

問題B

次の文章は結婚式でのスピーチの草稿ですが、縁起が悪い忌み言葉を含む表現が3箇所あります。その部分を線で消し、それぞれ違う表現に改めてください。

翔太君、優花さん、ご結婚おめでとうございます。翔太君は36年間の独身生活に別れを告げ、本日より優花さんと二人三脚による結婚生活のスタートを切ります。お二人とご両家の皆様のますますのご健勝を心よりお祈り申し上げ、私の挨拶に代えさせていただきます。

解答欄

①

②

③

【出題のねらい】言葉との戯れを楽しむ。

全問正解率

7%

脳活性化チャート

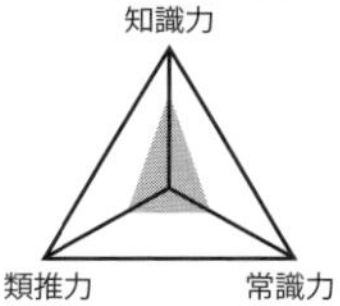

解答例

問題A ①「きっと勝つ」と読める。

②「いい予感」と読める。

③逆から読むと「キッポー＝吉報」になる。

問題B ①36年間の独身生活に別れを告げ

↓独身生活を〔卒業され／経て／まっとうされ〕

②結婚生活のスタートを切ります

↓結婚生活のスタートラインに立ちます／結婚生活が新たに始まります／結婚生活をスタートさせます

③ますます　↓（より）いっそう／さらなる

解説

印象に残る粋なフレーズ

問題B・①では、読者モニターの粋な解答が目に止まりました。

「36年間運命の出会いの為に待ち続け」（50歳　女性）

「独身生活」という言葉を削り、お祝いの席により相応しい素敵なフレーズに練り上げています。素晴らしい発想力です。

●「帰る」「返す」はＮＧ、「代える」はＯＫ!?

問題Ａはヒネリのある③が難しく、読者モニターの正答率は27％でした。さらに難しかったのは問題Ｂの「ますます」で（再婚を連想させる「重ね言葉」はＮＧ）、ここを正しく言い換えられたのはわずか８名でした。

大部分の方は「挨拶に代えさせて」を指摘しました。「帰る」や「返す」は離縁を連想させる忌み言葉ですが、「代える」はどうでしょう。「妻（夫）を代える」という連想が成り立ちそうですが、慣例としては今のところ使っても問題ないようです。

書くチカラ　若者コトバを通訳する

問題十一

次の会話の傍線部は若者コトバです。それぞれ誰にでもわかるように書き換えてください。

(例)「この店のラーメンどう？」「普通に旨いっス」→「けっこう美味しいよ」

①「この猫可愛いね」「なにコレ、めっさヤバい！」

②「明日のバイト代わろうか？」「あざーす」

③「で、どうだった？」「ああ、彼女にディスられたよ」

【出題のねらい】若者の言語感覚に触れる。

全問正解率

50%

脳活性化チャート

解答例

①〔メチャクチャ／とっても／ものすごく〕可愛い
②ありがとうございます
③軽蔑された／批判(非難)された／バカにされた／貶された

解説

「ディスる」の語源は?

③「ディスる」は英語のリスペクト（尊敬）の対義語「ディスリスペクト」を語源としています。一〇代、二〇代の若者と接する機会が少ない年配者には難しかったようです。逆に、若者より年配者のほうがよくご存じの「かつての若者コトバ」（今は死語）もありますので、次の類題でリベンジしてください。

類題❼

次の①、②の傍線部の意味を書いてください。

①「あの娘は村一番の<u>モガ</u>だ」
②「ざけんな、<u>チョベリバ</u>じゃん」

↓解答は51ページ

●コクってディスられてパニくる

読者モニターの正答率は①90%、②94%、③50%で、③が不正解だった50名の約7割が60歳以上でした。「ディスる」という言葉を初めて聞いてパニくった方がいるかもしれません（パニくる＝慌てふためく、頭の中が真っ白になる）。

誤答で多かったのが「フラれた」や「断られた」などでした。ちなみに、今の若者は「告白する」を「コクる」と言うようですが、これはまだわかりやすいでしょう。

読むチカラ

問題十七

星条旗に歴史を読む

アメリカ合衆国の国旗には、建国の歴史と現在の姿が埋め込まれ、アメリカ史の知識がなくても国家の成り立ちを知ることができます。

アメリカ国旗（星条旗）を見て、下の文章の空欄A、Bに当てはまる数字を書いてください。

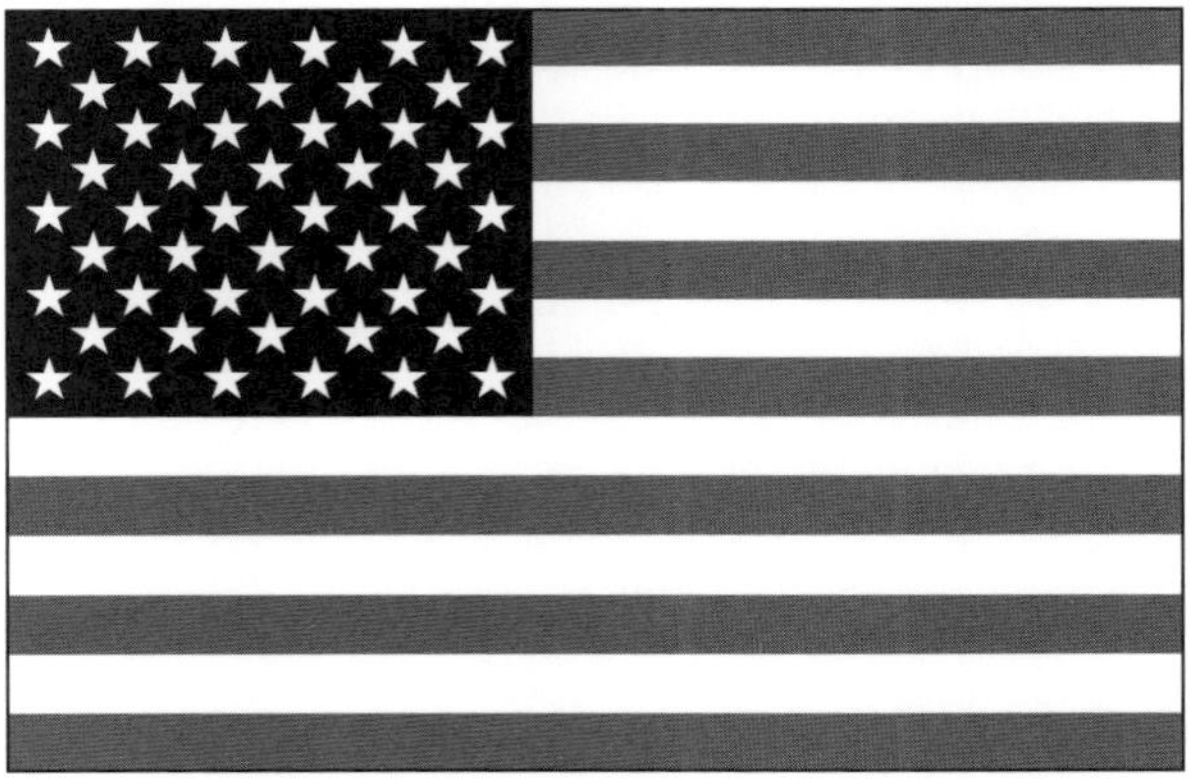

アメリカ合衆国は、18世紀の後半に（　A　）の州がイギリスから独立して建国され、現在は（　B　）の州からなる連邦国家である。

解答欄

A〔　　　〕　B〔　　　〕

【出題のねらい】意匠からメッセージを読む。

正答率

49%

脳活性化チャート

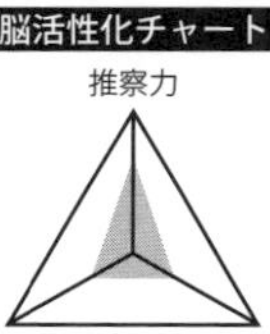

正解

A　13
B　50

解説

国旗のデザインは国の顔

星条旗の左上の星の数が、現在の州の数を表します。これはわかった方も多いと思われます。建国当時の州の数は、条（横向きの縞）の本数で表されています。こちらは、どの色の縞を数えればよいかで迷ったかもしれません。

読者モニターの正答率は、Aが52％、Bが76％でした。Aで間違えた方の多くは灰色（実際には赤色）の縞の数だと思って「7」と書きましたが、白色の縞を含めた「13」が正解です。

国旗には建国の歴史や理念など、その国のアイデンティティが埋め込まれています。この機会にいろいろ調べてみると面白いでしょう。オセアニア地域の国旗などはどれも個性的で、見ているだけで楽しくなります。

類題❽ 五円玉が伝えるメッセージ

5円硬貨の表（「五円」と刻印されている側）には、国の発展を支える農業、工業、水産業の象徴として、それぞれ稲穂、歯車、水がデザインされています。実物を見ずに五円玉の表を描いてください。

➡ 解答は51ページ

知るチカラ 昭和は遠くになりにけり

問題十三

次の文章には、現在ほぼ使われなくなった「昭和のコトバ」（名詞）が3つ含まれています。その言葉を抜き出し、今は一般的にどう呼ばれているのかを書いてください。

人目を憚らずに体を密着させていちゃつく高校生のアベック。通路に乳母車を放置して優先席を独占する若い母親たち。「今時の若い奴らは」と苦々しく思いながらふと前の席を見ると、私と同年代くらいのサラリーマンが社会の窓を開けたままスマホゲームに熱中している。

解答欄

①

②

③

【出題のねらい】古い情報を更新する。

全問正解率

51%

脳活性化チャート

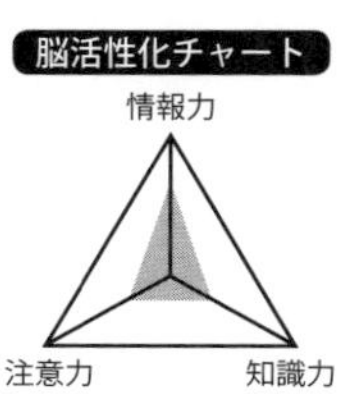

解答例

①アベック　↓　カップル／ペア／恋人同士
②乳母車　↓　ベビーカー／バギーカー
③社会の窓　↓　ズボンの〔ファスナー／チャック／ジッパー〕

解説

平成世代がオッサンになる

『三丁目の夕日――夕焼けの詩』（小学館）は昭和の下町風景と人情を描いた大ヒット漫画で、のちに「ALWAYS三丁目の夕日」（2005年）として映画化され、こちらも大ヒットを記録しました。昭和世代には懐かしく、若者には新鮮だったのでしょう。

日本は西暦と元号を併用しています。元号が面白いのは、あとから振り返ったときに、その時代の世相や空気感が染み込んだ言葉になることです。昭和生まれは初期か後期かでかなり年齢が違いますが、「昭和世代」で括られてもあまり違和感がありません。「昭和世代vs平成世代」と書くと、それだけで両者のキャラや価値観の違いをイメージできるのも、不思議と言えば不思議です。

類題❾ ズボンはズボンだ、文句あるか

衣服の種類を表す次の言葉は、若い人（特に女性）ほど使わなくなっています。今はそれぞれ何と呼ぶことが多いでしょうか。

①ズボン
②ジーパン
③チョッキ

➡解答は51ページ

伝える チカラ コピーライターになる

問題十四

JT（日本たばこ産業株式会社）では、喫煙マナー向上のための社会啓蒙活動に力を入れています。下のグラフィック広告はその一例です。ただし、キャッチコピーの一部を伏せてあります。伏せ字の部分の□に入る6文字の言葉を考えて書いてください。

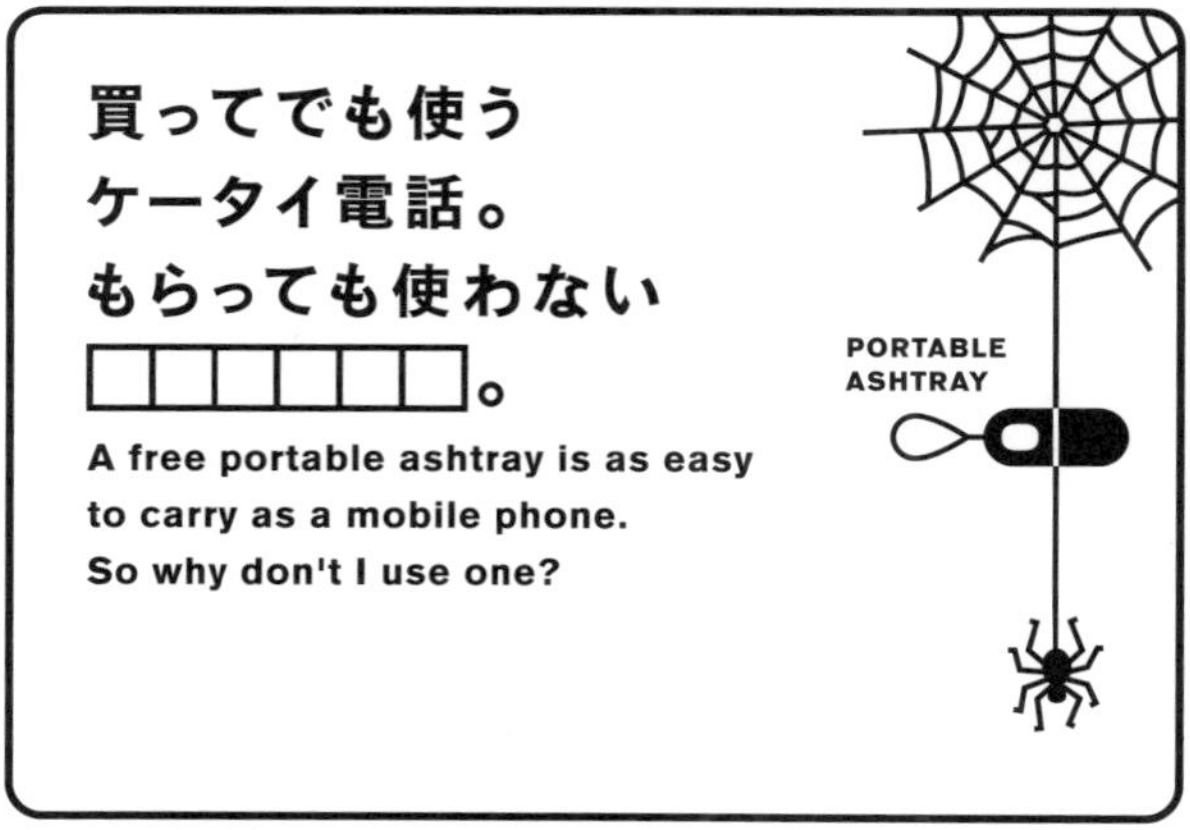
買ってでも使う
ケータイ電話。
もらっても使わない
□□□□□□。
A free portable ashtray is as easy
to carry as a mobile phone.
So why don't I use one?
PORTABLE
ASHTRAY

解答欄（6文字）

【出題のねらい】言葉の細部にこだわる。

正答率

53%

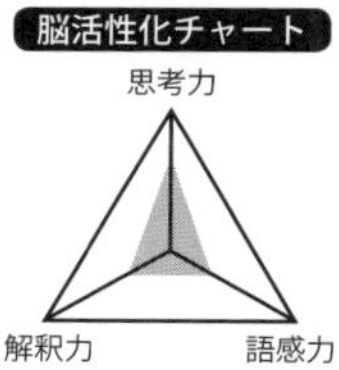
脳活性化チャート
思考力
解釈力
語感力

正解

ケータイ灰皿

解説

物は同じでも「ケイタイ灰皿」は不正解

「買ってでも使うケータイ電話」と対になる「もらっても使わない□□□□□□□」の伏せ字を考えます。画像の右に描かれているのは携帯灰皿（PORTABLE ASHTRAY）で、蜘蛛の巣が張っていることから、使わずに放置されていることがわかります。

「ケータイ電話」と韻を踏む「ケータイ灰皿」が正解となります。洗練されたコピーとしてはこれ以外になく、厳しいようですが「ポケット灰皿」や「ケイタイ灰皿」などは不可とします。

長い文章を書くのが得意でも、短いキャッチコピーを考えるのは苦手な人がいますし、その逆の人もいます。コピーライターやクリエーターは、シンプルで斬新なコピーを案出して報酬を得ますが、「一文字当たりいくら」の世界で生きていくのも厳しいものです。ひとつの個性、才能と言えるでしょう。

● 英文を要約するとキャッチコピーに！

画像に添えてある英文とその直訳を書いておきます。

A free portable ashtray is as easy to carry as a mobile phone.
So why don't I use one?

無料（でもらえる）携帯灰皿は、携帯電話と同じくらい持ち運びが簡単だ。
だったら、それを使ってみようか。

考えるチカラ

問題十五 各部名称から類推する

次の図1、図2は、それぞれ何を表しているでしょうか。各部名称から類推してください。

全問正解率

25%

脳活性化チャート

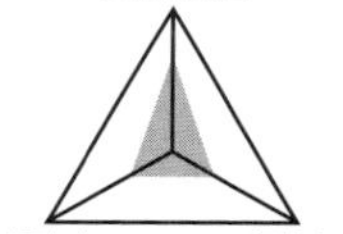

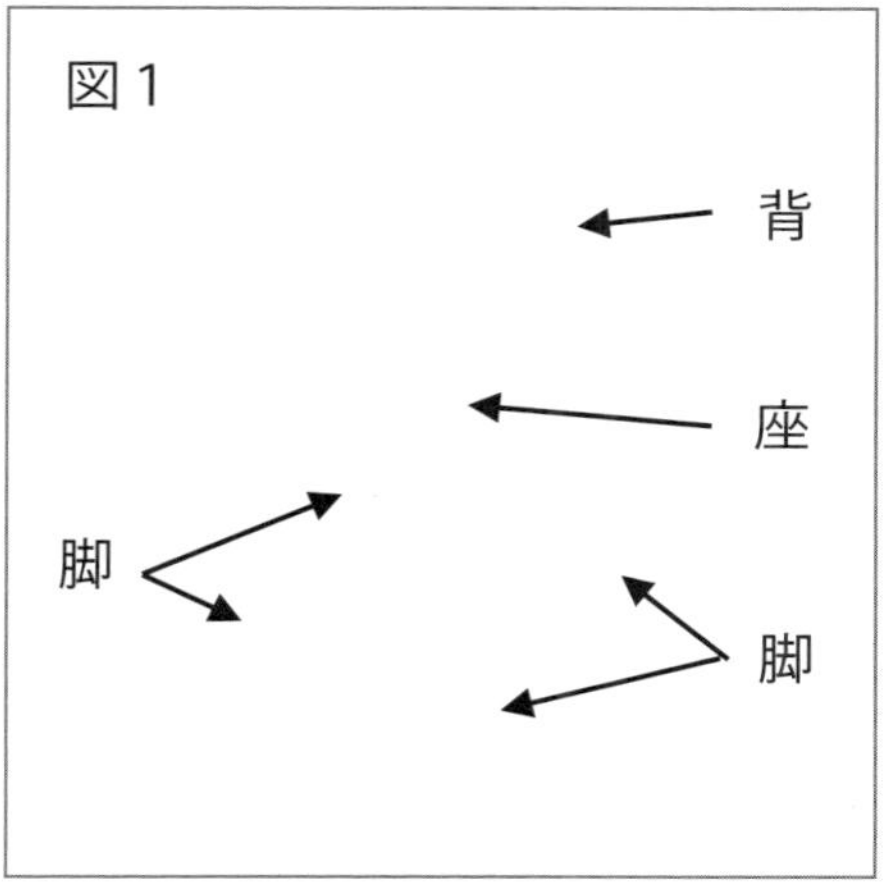

解答欄〔　　　　　　　　〕

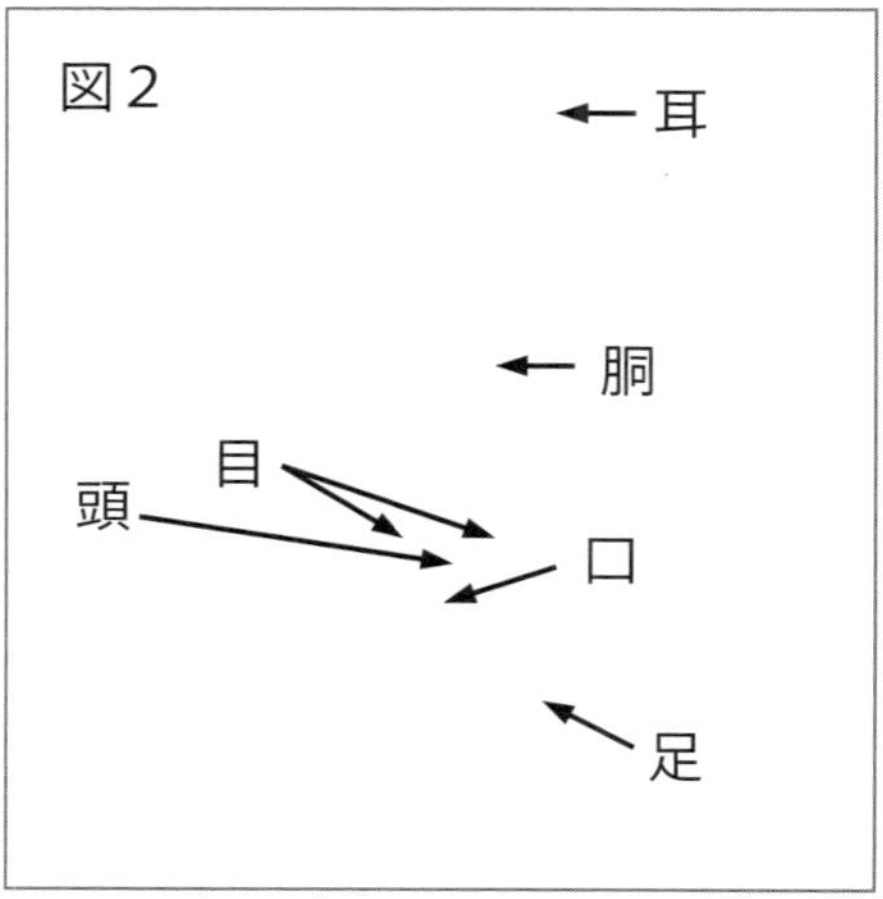

解答欄〔　　　　　　　　〕

【出題のねらい】パッパと映像を切り替える。

正解

図1　椅子

図2　イカ

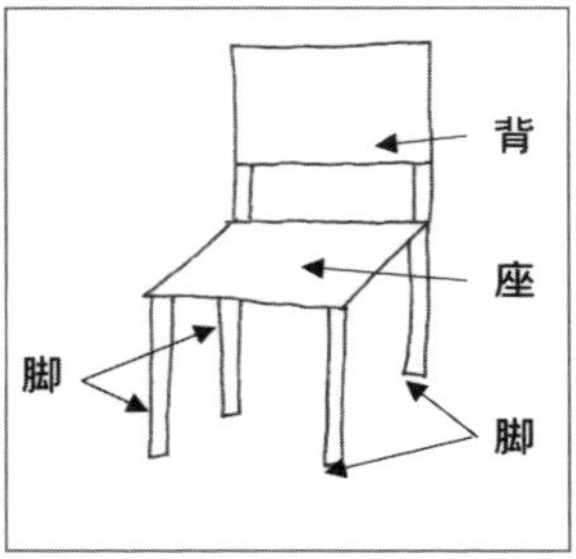

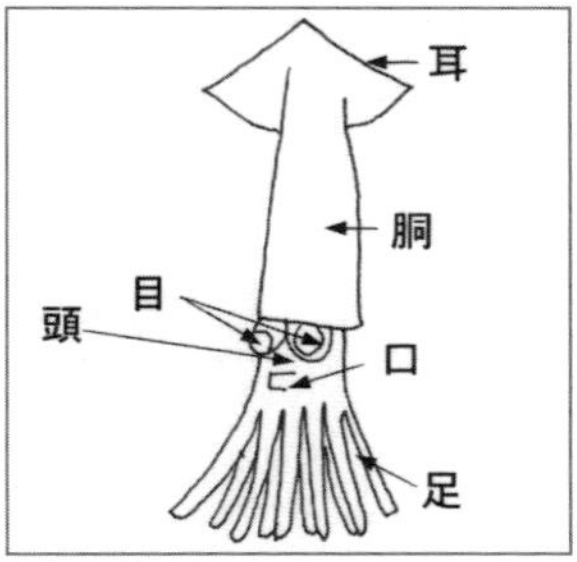

解説

空間認識力には男女差がある？

幼児をおもちゃで遊ばせると、女の子は人形やぬいぐるみを好み、男の子は乗り物や怪獣などに惹かれます。男子は物のフォルムや構造的な仕組みに、女子は物の触感や色彩に興味を示すと言われ、空間的把握の仕方には男女差が見られるそうです。

両方とも正解した読者モニター26名の男女別内訳は、男性が18名で3分の2以上を占めました。問題九（魚のひれの描画、33ページ参照）で女性の誤答率が高かったことも含め、空間認識力に関しては、男性優位ということでしょうか。

●「梅コース」全44題の成績発表

読者モニター102名の平均正答率は69％でした。年齢区分別の平均正答率と正答率ベスト３は、次のような結果です。個人成績では70歳以上の方が大健闘です。

・49歳以下（25名）---------67％
・50歳～59歳（27名）------73％
・60歳～69歳（25名）------70％
・70歳以上（25名）---------63％

《正答率ベスト３》

第１位　97％（50歳 女性）
第２位　95％（77歳 男性）
第３位　93％（70歳 男性）

梅コースの類題●解答例／正解

類題❶（16ページ）
間違い。
理由…17歳と18歳が混在しているから。
＊現在、選挙権は満18歳以上。

類題❷（18ページ）
①タラ
②トビウオ（飛魚）
③ボラなど（地域によってはサバ、サワラなども使う）

類題❸（20ページ）
ツンデレ（「ツンツン」「デレデレ」をつないで略語化したもの）

類題❹（26ページ）
向かって右側

類題❺（30ページ）
閑か（しずか）さや岩にしみ入る蝉（せみ）の声

類題❻（32ページ）
栃木県　滋賀県

類題❼（42ページ）
①モダンガール（1920年代）
②最悪（超ベリーバッドの略。1990年代）

類題❽（44ページ）

類題❾（46ページ）
①パンツ／ボトムス
②デニム／デニムパンツ／ジーンズ
③ベスト／ジレ

ピリッとさびを利かせました

竹コース

高校中級程度

スマホ漬けの高校生には難しいかも？

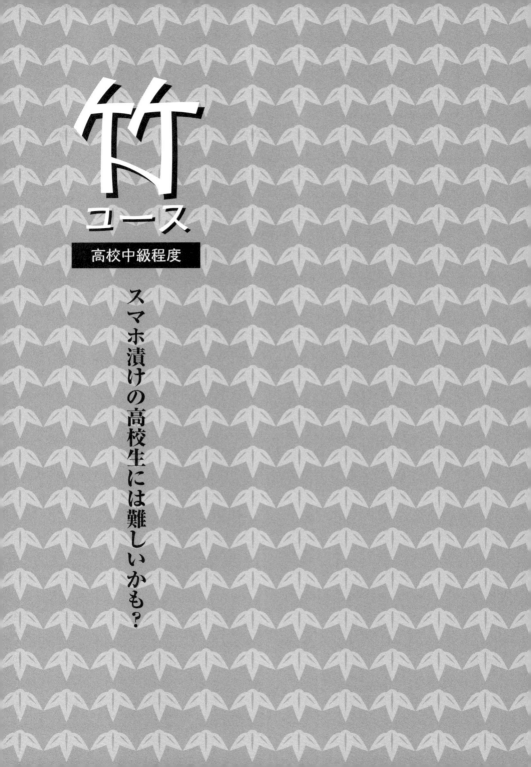

竹コース お品書きにかえて

竹コースでも、問題の構成やテイストは基本的に梅コースを踏襲しています。ただし、ここでは「正解が複数ある問題」を増やしました。

この手の問題に立ち向かうとき、私たちはああでもないこうでもないと考え抜きます。「こうかな?」と思った答えが浮かんでは消え、消えては浮かびます。モヤモヤして疲れます。ただ、このモヤモヤ感がいいのです。疲れるのは、脳が活発に働いている証拠です。

できればすぐに解答を見ず、考える時間をこれまでより延ばしてみてください。思いついたことをウラ紙などにどんどん書きつけてください。書くことで思考の連鎖がひろがり、普段使っていなかった脳が総動員されます。その先に「あっ!」とひらめくこともあるでしょう。

では、その「モヤモヤ問題」からスタートです。

凡例

【正答率】【全問正解率】【脳活性化チャート】
→いずれも「梅コース」と同じ(12ページ凡例参照)。
【指定文字数】「＊＊字で」と書いてある問題は、指定された字数を守って解答する。「＊＊字程度で」の場合は、多少の増減があってもかまわない。解答欄が足りなければ余白にはみ出してもよい。
【解答例】【正解】【類題】
→いずれも「梅コース」と同じ(12ページ凡例参照)。

書くチカラ 表現の幅をひろげる

正答率

10%

脳活性化チャート

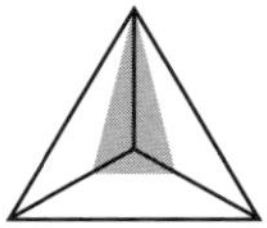

問題一

次の文を「です」「ます」「だ」「である」を語尾に使わない現代の文章体に改めてください。
その際、会話体・体言止め・方言・古典語（明治以前の文体）を用いてはいけません。

（例）私は和食が好きです。↓ 私は和食を好む。

我輩は猫である。

解答欄

【出題のねらい】モヤモヤ感を楽しむ。

解答例

我輩は猫〔に他ならない／以外の何者でもない〕。
我輩は猫として〔生きている／生を受けている／生まれた〕。

解説

モヤモヤの輪をひろげよう

超難問です。この本の趣旨からすると、せめて30分はモヤモヤしてほしいところです。解答を見てモヤモヤが消えたら、今度はスッキリするために、この問題を誰かに出してください。

「我輩は猫」「ブブー」「我輩は猫ニャン」「ブブー」「我輩は猫だがや」「ブブー」「我輩は、えー我輩は我輩は、あーっ、ムカつく!!」……。悩んでイラつく様子を見て、心の中でニヤニヤしましょう。ただし、あまり引っ張りすぎると人間関係が壊れます。

類題❶

次の文を、語尾が「〜ない」で終わる表現に改めてください。

木曽路はすべて山の中である。

⬇解答は93ページ

● 読者モニターの解答例あれこれ

読者モニターの解答例を、いくつか紹介しておきます。

×**我輩は猫よ／私は猫なの／我輩は猫なんだから**（会話体）

×**我輩は猫と呼ばれている**（ただのあだ名かもしれない）×**猫が私の正体**（体言止め）×**我輩は猫らしい**（そうでないかも）×**我輩は猫なり**（古典語）

×**我輩は猫と言う**（「である」の断定調ではなくなる）×**私は猫でした**（今は違う？）

○**私は猫という種に属している**（お見事！）

読むチカラ 文章から形を思い浮かべる

問題7

次の文章は、ある楽器について説明したものです。楽器名を答え、その形状を描いてください。

一本の金属の棒の2箇所を、それぞれ60度に折り曲げて作る。オーケストラなどでも使われている打楽器の一種。

▼楽器名

〔　　　　　　　　　　〕

▼形状

【出題のねらい】読み取った通りに描く。

正答率

69%

脳活性化チャート

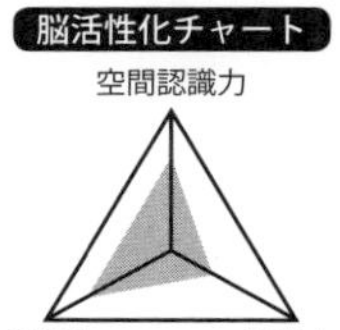

正解

楽器名　トライアングル

形状　下図参照

（注）両端がつながっている図は不正解。

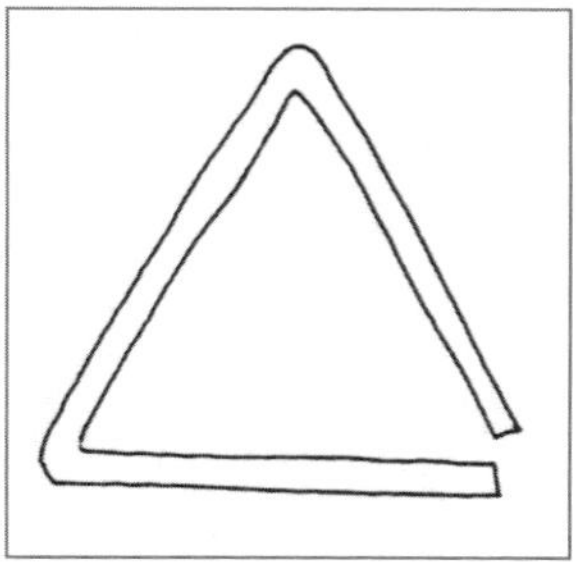

解説

両端をつなげるとただのガラクタ

小学校の音楽の時間を思い出します。音楽が苦手な子が「誰にでもできる楽器」ということで、トライアングルを担当させられていたように思います。しかし、どうしてどうして、プロの演奏を聴くと、そんな生易しい楽器ではないとわかります。

トライアングルの図描では注意が必要です。正三角形を切れ目なく描いた場合は不正解となります。両端をつなげると音が響かず、もはや楽器ではなくガラクタです。厳しく採点してください。

読者モニターでこの問題を間違えた方は31名で、そのうち女性が23名（74％）でした。「梅コース」の問題九、問題十五の結果と合わせ、ここでも空間認識力の男性優位が確認されます。

● トライアングル奏者を動画チェック！

ビゼー作曲「カルメン組曲」の「第１幕への前奏曲」では、冒頭からトライアングルが活躍します。耳だけで確認しにくければ、ネットのYouTubeでオーケストラ演奏の動画をチェックしてみましょう。

行進曲が好きな方は、YouTubeで「威風堂々」を検索して、飛び抜けて試聴回数の多い動画をご覧ください。トライアングル奏者のアップが映っています（中盤すぎから後半にかけて）。演出やカメラアングルも秀逸で、圧巻のラストは必見です。

知るチカラ

古い情報を更新する

問題三

次の職業名は女性の社会進出が進み、男女平等の考え方がひろまったため、あまり用いられなくなりました。①、②は現在の正式名称を漢字で、③は一般的な呼称を書いてください。

① 看護婦さん

② 保母さん

③ スチュワーデス

全問正解率

45%

脳活性化チャート

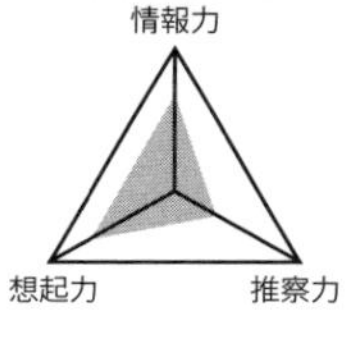

【出題のねらい】時代に適応する。

解答例

①看護師

②保育士

③フライトアテンダント／キャビンアテンダント／客室乗務員

解説

「師」と「士」にルールなし

「師」がつく職業名には、医師・歯科医師・薬剤師・臨床検査技師・理容師などがあり、「士」がつく職業名には司法書士・公認会計士・建築士・歯科衛生士・介護福祉士などがあります。

どのようなきまりで「師」と「士」を使い分けているのでしょうか。いろいろ調べてみましたが、特にこれといったルールはないようです。割り切って覚えるしかなさそうです。

「士」には「男性」の意味もありますが、男女の別なく職業名として使われるようになって久しいので、特に問題視されることもないのでしょう。

類題❷ 古い情報を更新する〈パート２〉

次の職業名（俗称）は、現在ではどのように呼ばれているでしょうか。正式名称がある場合はその職業名を、そうでなければ一般的な呼称を書いてください。

①お産婆さん

②按摩さん

③レントゲン技師

➡ 解答は93ページ

伝える チカラ

症状や痛みを表現する

全問正解率

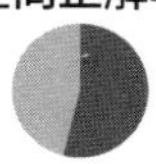

54%

脳活性化チャート

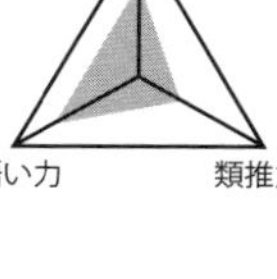

問題四

病院に行くと「どのように痛みますか？」と問診されます。次の擬態語や擬声語はどのような痛みや症状を表しているでしょうか。それぞれ例にならって説明してください。

（例）頭がガンガンする。↓ 大きな音が鳴り響くような痛み。

①胃がムカムカする。

②胃がシクシクする。

③胃がキリキリする。

【出題のねらい】感覚の違いを言葉で伝える。

解答例

①吐き気を催すような不快感
②絶え間なく続く鈍い痛み／一定の間隔で襲ってくる鈍痛
③鋭い刃物で揉み込まれるような（激しい）痛み／差し込まれるような局所的な痛み

解説

感じ方や表現の違いを楽しむ

痛みの感じ方は人によって違います。「私はこのように感じる」と言われれば、それを受け入れるしかありません。したがって、よほどピントが外れていなければ正解にしてかまいません。読者モニターの採点では、たとえば、②「小さい痛み」、③「強い痛み」のような答案も正解にしました。

それよりも、この問題は何人かで解いてみて、痛みの感じ方や表現の相違点を比べて楽しみましょう。同じ擬態語、擬声語でも、人によって受け止め方や解釈に幅があることがわかります。

類題❸ 懐かしのＣＭソング・オノマトペ

次の①〜③は、有名なＣＭソング（1960年代〜）の歌詞の一節です。空欄に入る擬態語や擬声語を書いてください。

①「りんごとハチミツ（　　　　）とけてる」
②「（　　　　）と爽やかコカ・コーラ」
③「パンシロンで（　　　　　）」

➡ 解答は93ページ

考えるチカラ

シャッフルして並べ替える

全問正解率

45%

脳活性化チャート

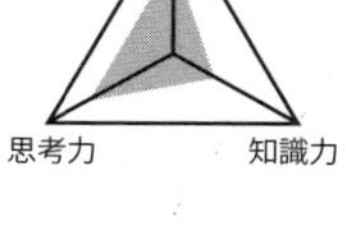

問題五

次のひらがなを組み合わせて表せる固有名詞（地名、人名など）を3文字で書いてください。

（例）あんこか　↓　阿寒湖

① このあし　□□□

② わがしのな　□□□

③ おいもがうり　□□□

【出題のねらい】柔軟なアタマで考える。

正解

①芦ノ湖

②信濃川

③森鴎（鷗）外

解説

わかったときの達成感を味わう

テレビのクイズ番組でもよく見かける、「アナグラム」という文字の組み換え問題です。③でモヤモヤするかもしれません。

類題❹

次のひらがなを組み換えると、昭和～平成にヒットした曲のタイトルになります。それぞれの曲名を書いてください。

①けさしかない

②むらのこぞうよ

③せいこさんこううんね

⬇解答は93ページ

●「言葉遊び」は頭の柔軟体操

読者モニターの正答率は①が92%、②が90%でした。ここまでは例題と同じ「地名シリーズ」の流れで解答できますが、③では正答率が48%に急落します。「地名」という思い込みに囚われて、思考の転換ができなくなったからでしょう。

よく、年を取ると脳の柔軟性が失われると言われますが、これは「いったん思い込むと修正が利かなくなる」ということです。アナグラムのようなちょっとした言葉遊びを楽しむことは、脳の柔軟性を保つのに役立つでしょう。

コラム

若さを保つ日本語のチカラ③

スッキリしないことに向き合う

――脳の休止モードの解除

テレビのクイズ番組では、出題された30秒後には正解が示され、答えが当たればスッキリとして達成感を得られます。複雑な世界情勢や政治問題を単純化して、「実はこういうことだった！」と解説するニュース番組も、それと似たところがあります。

こうした番組が人気なのは、手品の種明かしのように「正解」を示すことで、視聴者のモヤモヤ感を解消し、達成感や爽快感を与えるからでしょう。つまり、その一瞬の間だけ、脳内でドーパミンのような快感物質が出されるのです。

しかし、ただそれだけのことで、後に残るものはありません。明日になれば内容をほとんど忘れ、そのことについて二度と考えることはないでしょう。脳が「休止モード」に切り替わるからです。スッキリしたことと引き換えに、脳は考えることをやめます。

脳の老化予防に関して、どんな医者も脳科学者も同じことを言っています。すなわち「脳をどんどん使いなさい。使えば使うほど、脳の神経細胞のネットワークは強化される」と。

これを実践するのは、難しいことではありません。スッキリしないことに向き合えばいいのです。この日本語ドリルでは、「正解が１つに定まらない問題」や「文章で解答を書く問題」などです。すぐに答えを見ず、大いにモヤモヤしてください。時々思い出しては考えてみてください。脳をとことんいじめ抜いてください。

お好みネタ
本日のおすすめ

野球

野球に詳しい方も野球オンチの方も、皆さんでご一緒にどうぞ。問題Bは「読解問題」ですので、野球ファンが有利とは限りません。逆に生半可な知識がアダになるかも？

全問正解率

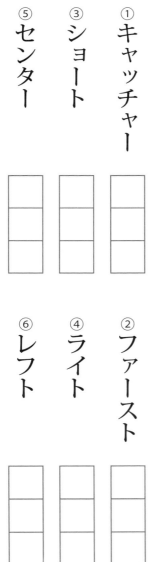

40%

脳活性化チャート

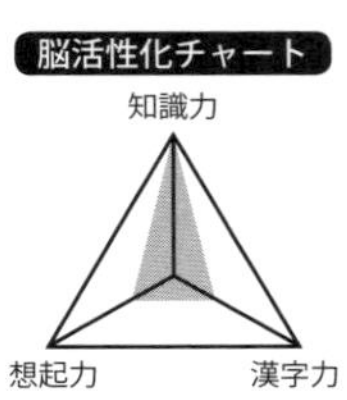

ファンでも意外に書けない？

問題A 次のポジションを日本語で書いてください。いずれも漢字3文字以内です。

(例) ピッチャー → 投手

① キャッチャー □□□

② ファースト □□□

③ ショート □□□

④ ライト □□□

⑤ センター □□□

⑥ レフト □□□

打者の胸元を鋭くえぐる

問題B

カーブはピッチャーの利き腕と反対の方向に曲がる変化球、シンカーは利き腕と同じ方向に曲がる変化球です。次の①～④の変化球の描く軌道を、下の図に書き込んでください。

①右利きの投手が投げるカーブ

②左利きの投手が投げるカーブ

③右利きの投手が投げるシンカー

④左利きの投手が投げるシンカー

全問正解率

52%

脳活性化チャート

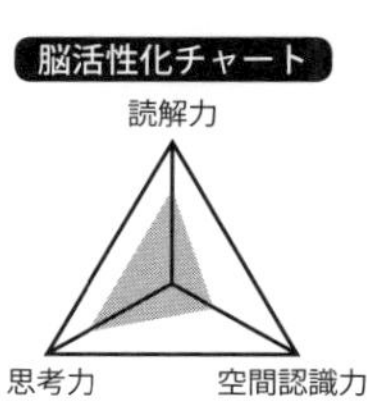

【出題のねらい】頭のスポーツに挑戦。

正解

問題A　①捕手　②一塁手　③遊撃手　④右翼手　⑤中堅手　⑥左翼手

問題B　左図参照

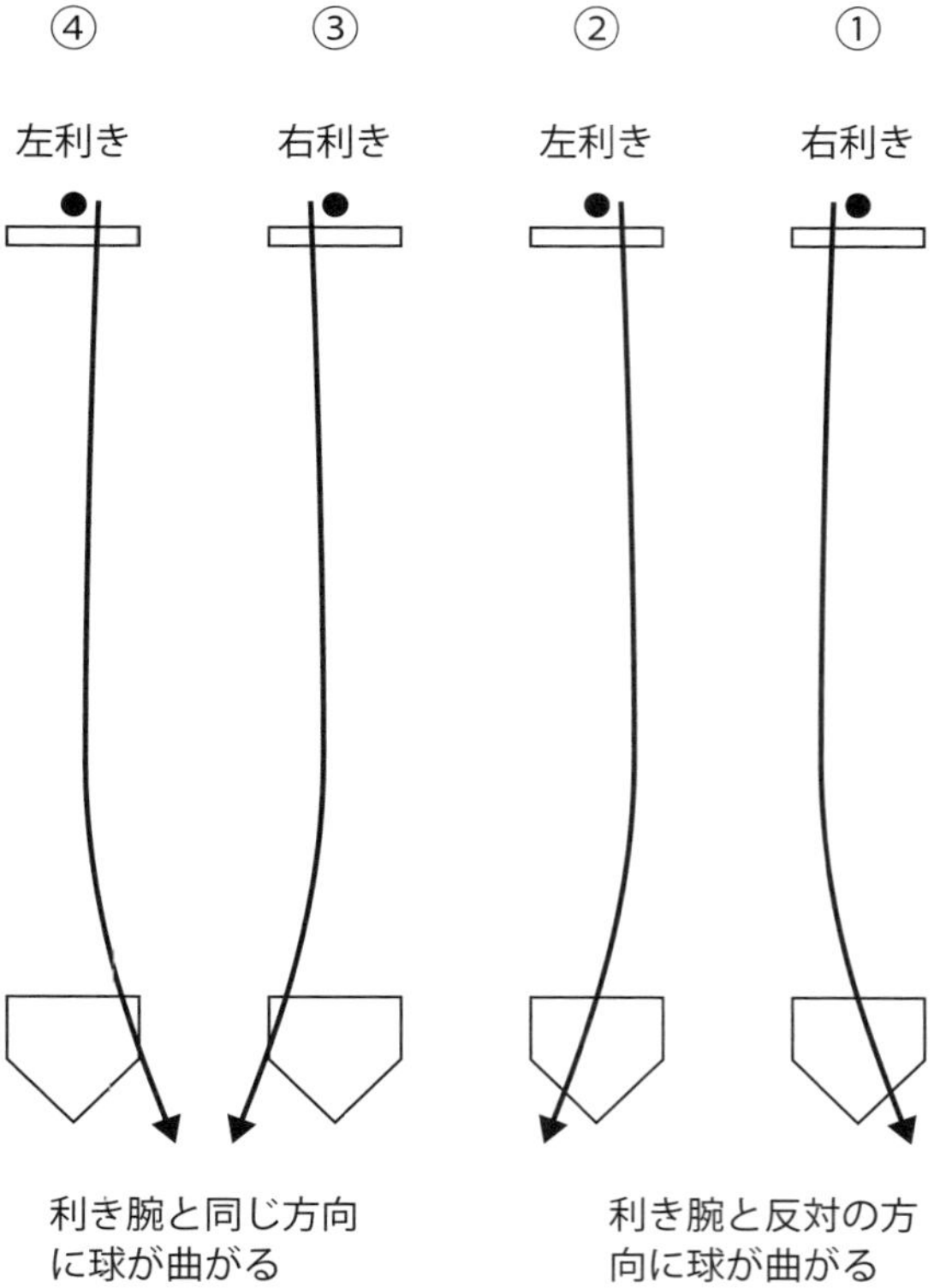

● 日本語表記の利便性は健在！

読者モニターの問題Ａの個別の正答率は、①90%、②71%、③58%、④50%、⑤42%、⑥50%でした。今は日本語名のポジションを呼ぶことは少なくなっていますが、新聞などのオーダー表では（一）（遊）（左）などと示されますし、野球中継では「三遊間を抜けるヒット」などの常套句もあって、その利便性は健在です。

問題Ｂは、当初、カーブとシュートでしたが、最近はシュートと呼ばなくなっているとの指摘を受けてシンカーに変えました。時代についていくのも大変です。

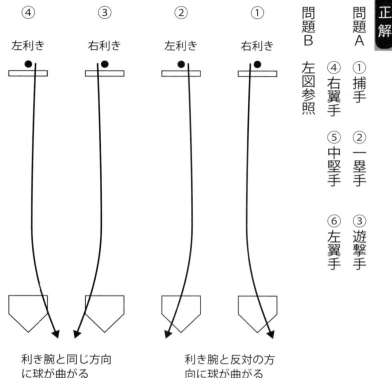

書くチカラ　男は黙って便座にすわる

問題六

次の文を、傍線部が主語になるような受け身の文（受動態）にしてください。

（例）彼女がトイレを汚した彼を叱った。

↓　彼はトイレを汚したことで彼女に叱られた。

① 彼は反省文を書いた。

② 彼女は家のトイレで立ち小便する権利を彼から奪った。

全問正解率

33%

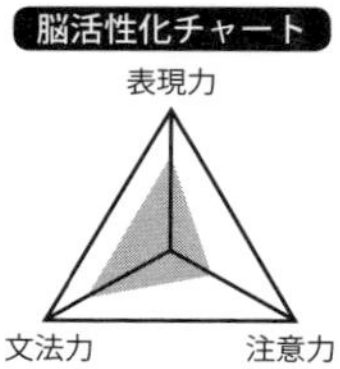

【出題のねらい】受け身の文を書く。

解答例

①反省文が（は）彼によって書かれた。

②彼は家のトイレで立ち小便をする権利を彼女に奪われた。

解説

文頭に置く言葉が主語とは限らない

①が意外にクセモノです。読者モニターの正答率は①が33%、②が87%でした。①では「反省文を彼が書いた」「反省文を彼が書かされた」といった解答が多く見られましたが、これらはいずれも「彼」が主語になるので不正解です。

また、「反省文が彼に、書かれた」も不正解です。この場合は「彼に（向けて）書かれた」や「彼（の体）に書かれた」の意味にもなり、書くという動作の主体が「彼」と特定できないからです。

類題❺

次の文を、傍線部を主語とする能動態に改めてください。

金閣寺は足利義満によって建てられた。

⬇解答は93ページ

● 日本語ではあまり使わない無生物主語

英語では、The rain prevented us from going out.（雨が私たちの外出を妨げた）のような無生物主語が多く出てきますが、日本語ではこうした表現をあまり用いません。加えて、日本語がネイティブの私たちは、文法構造をいちいち考えて書いたり喋ったりしません。①で苦戦したのは、そうした理由からでしょう。

ちなみに、①の正解者34名のうち、59歳以下が21名（約62%）でした。下の世代ほど、日本語の無生物主語に抵抗感がなくなっているのかもしれません。

読むチカラ

江戸言葉を現代語訳する

問題七

テレビの時代劇や落語で、江戸言葉（方言）をよく耳にします。次の台詞の傍線部をわかりやすい現代語に改めてください。

①「あたぼうよ、こちとらすべてお見通しさ」

②「てやんでえ、いまさら泣き言なんぞ聞きたかねぇや」

③「べらぼうめ、おととい来やがれ！」

全問正解率

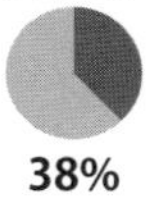

38%

脳活性化チャート

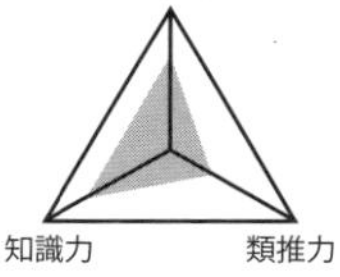

【出題のねらい】江戸言葉を継承する。

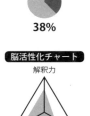

解答例

①当たり前だ（馬鹿野郎）／当然だ
②何を言ってやがるんだ／何て事を言いやがる／何を言うか
③馬鹿野郎／とんでもない（ことだ／やつだ）／この阿呆！
二度と来るな／とっとと帰れ／出直してこい

解説

日常会話で使うと意外に新鮮

①「あたぼうよ」は「あたりめえだ、べらぼうめ」の略語と言われていますが、「当たり前だ」「当然だ」だけでも正解です。③「べらぼうめ」は、相手を罵倒する言葉ならすべて正解にします。

読者モニターの正答率は、①が90％、②が75％とまずまずでしたが、③は43％でした。「おととい来やがれ！」が難しかったようで、「もっと早く来い」と素直に解釈した方もいました。

時代劇でよく聞く江戸言葉を、たまに普段の会話で使ってみるのも新鮮でしょう。たとえば、まずい状況になったときに「これはしたり」と呟けば、何となくその場が和みそうです。

類題❻「武家言葉」を現代語訳する

次の江戸言葉による会話を現代の会話文に意訳してください。

①「殿、奥方様にたばかられました」

②「これはしたり」

➡ 解答は93ページ

知るチカラ

問題八

小学生のほうが詳しいかも

次の文章を読み、空欄A～Eにあてはまる数字や語句（漢字）を書いてください。

人間は二足歩行をする動物である。足（脚）の数は動物によって違い、猫や馬は4本の足をもつ。昆虫は〔　A　〕本、蜘蛛は〔　B　〕本の脚をもつ。ちなみに、昆虫でもモンシロチョウの幼虫（アオムシ）には〔　C　〕本の脚がある。

毛ガニやズワイガニなどの一般的な蟹は、はさみも含めて〔　D　〕本の脚がある。ムカデは漢字で〔　E　〕と書くが、実際には30本前後から300本以上まで、個体や種類によって脚の数に違いがある。

解答欄

A □

B □

C □

D □

E □□

【出題のねらい】一所懸命に思い出す。

全問正解率

9%

脳活性化チャート

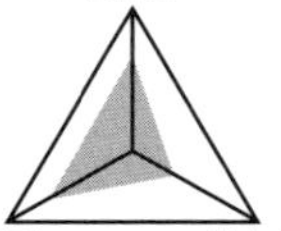

正解

A　6　　B　8
C　16　　D　10
E　百足（「蜈蚣」とも書く）

解説

中学受験では「常識問題」⁉

さすがにモンシロチョウの幼虫の足の数を答えられる人はいないだろうと思いましたが、読者モニターでは14名の方が正解できていました。お見事と言うほかありません。

モンシロチョウ（昔はカイコガ）の育ち方は、小学3年生の理科で学習します。教科書では幼虫の足の数までは扱わないようですが、中学受験の世界では「常識」のようです。

地域によっては、今でも蚕の飼育・観察をさせる学校もあるそうです。日本の文化、産業と密接に関係する蚕のほうが教材としてふさわしいように思いますが、成虫のカイコガが蛾であることから子どもや親に不評なのでしょう。教育も人気商売です。

▼モンシロチョウの幼虫

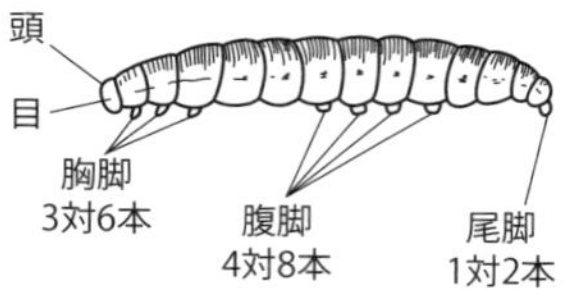

類題❼ 数字を答えるクイズ

次の①〜③の空欄に当てはまる数字を書いてください。

①将棋盤のマス目は全部で（　　）マスあります。

②ジョーカーを除いたトランプの枚数は全部で（　　）枚です。

③10進法の３を２進法で表すと（　　）になります。

➡ 解答は93ページ

伝える チカラ

地図を見て道案内をする

問題九

友人が道に迷ってケータイで連絡してきました。友人は現在、下の地図の●の位置にいます。友人の目的地は地図の右下にある居酒屋です。現在地から居酒屋までの道順を、地図中の３つの目印を示しながら友人に説明してください。

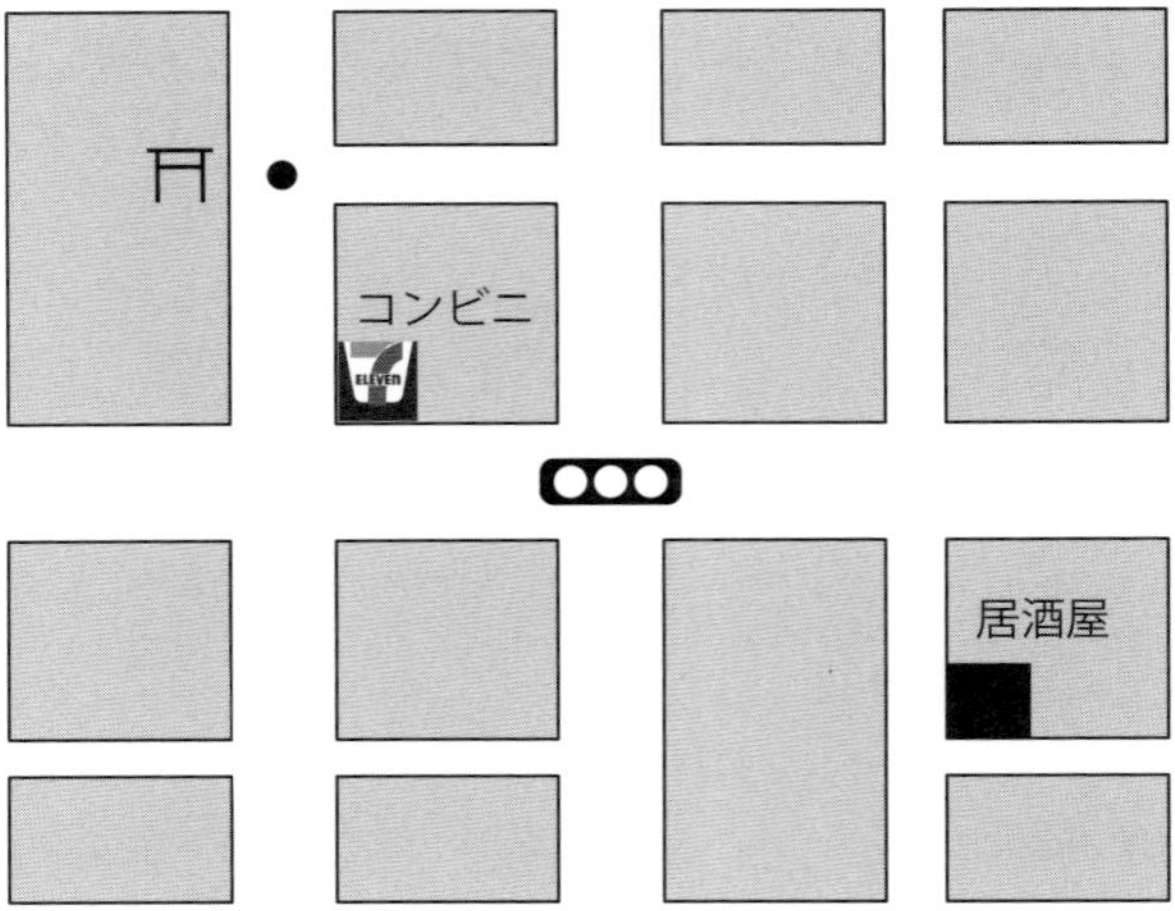

正答率

44%

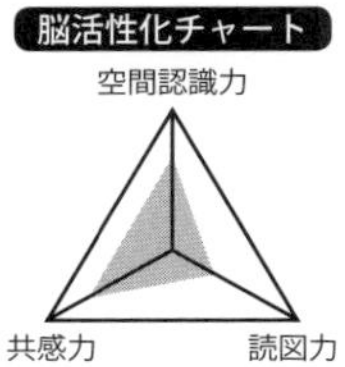

説明

【出題のねらい】相手の身になって説明する。

解答例

神社を右手方向に見て歩くと、左にコンビニがあるので、その角を左折します。信号のある交差点を通り越し、次の交差点を右折して左側を見ながら歩くと、次の角の手前に居酒屋があります。

解説

困っている人の目線に立って親切に

「コンビニの角を右に曲がり」「鳥居を左手に見ながら真っ直ぐ歩く」など、左右を取り違えた誤答は、空間認識の混乱からきています。読者モニターの不正解者57名のうち、36名（63％）が女性でしたが、年齢区分では特に顕著な傾向は見られませんでした。

「広い道を南に直進し」のように、道に迷った友人にはわからない方角を示す誤答例は、地図を見ている「自分視点」に起因します。気配りが上手な人は、「相手視点」を取り込んだうえで、どう言えば相手に理解してもらえるかを常に考えます。この手の共感力を鍛えることも、脳にはよい刺激になるでしょう。

類題❽ 地図記号を読み取る

次に示す地図記号は何を表しているでしょうか。

①

②

③

➡ 解答は93ページ

考えるチカラ

2つに共通しているのは？

問題十

次の2つに共通する点を、例にならってそれぞれ10字程度で書いてください。

(例) 水と油　→　どちらも液体である。

① 水と火

② 顔と食パン

③ 恋と愛

【出題のねらい】苦し紛れでも何か書く。

全問正解率

61%

脳活性化チャート

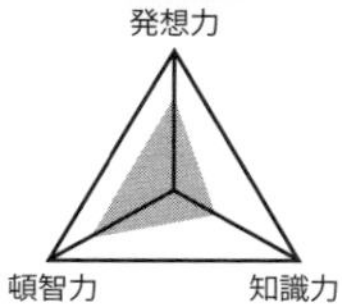

解答例

①どちらも曜日にある

②どちらも耳がある

③どちら（の漢字）にも「心」がある

解説

問題を作って脳トレ効果アップ！

どんなことでもよいので、思いついたことを何か書きましょう。

読者モニターの解答例をいくつか紹介しておきます。

①四画の漢字／発電のエネルギー源／調理に使う／生活に欠かせない／定まった形がない／消防署が扱う／太陽系の惑星

②まずいと相手にされない／焼くと小麦色になる／四角い／モチモチが魅力／柔らかい／塗りたくなる

③人がつくと熟語（恋人・愛人）になる／相手を思う気持ち／心を豊かにしてくれる／小説・映画のテーマ

この手の問題を作るには、けっこう頭を使います。いい脳トレになりますので、自作の問題を出し合って楽しんでください。

類題❾ 大喜利「なぞかけ」感覚で！

次の２つに共通することを書いてください。

①蛇と幽霊

②鯖とチーター

➡ 解答は93ページ

コラム

若さを保つ日本語のチカラ④

考えていることを書き散らす

―― 自分自身との出会い

「最近、本を読まなくなった。ましてや文章を書く機会などほとんどない」。そうお嘆きの方も少なくないでしょう。では、久々に問題を解き、文章を書いてみて、どう感じられたでしょうか。

「気力や体力の衰えを実感した」「普段、いかに頭を使っていないかがわかった」「書くことの難しさを痛感した」など、読者モニターをお願いした方から、さまざまな感想が寄せられました。

このように、自分が今考えていることを文字に表してみると、あまり意識していなかった自分の内面が浮かび上がってきます。ぼんやりしていたことが、ハッキリ見えてくることがあります。これもまた「書く」ことの効用、目的の１つと言えるでしょう。

私たちは普段、めまぐるしいスピードで、いろいろなことを思考しています。思考というのは、「川の流れ」や「川面に浮かぶ泡」のようなものです。一定の形を持たず、流れては消え、浮かんでは沈み、一瞬たりとも一つ所に留まることがありません。

その無定形な思考の断片を捕まえ、形を与えるのが文章です。思考を文章にして読み直すことで、思考のズレや矛盾を認識し、自分の内面と向き合い、自分自身を築いていけるのです。

日記帳でなくとも、広告のウラ紙でじゅうぶんです。気になること、食べたいもの、やりたいこと、やりたくないこと……。頭に浮かんだものを、気楽に書き散らすことから始めてみませんか？

お好みネタ
本日のおすすめ

漢字

ある漢字を言葉で説明して、相手に正しく書き取ってもらうゲームです。珍解答が続出します。交代で出題しながら「伝えるチカラ」を鍛えましょう。

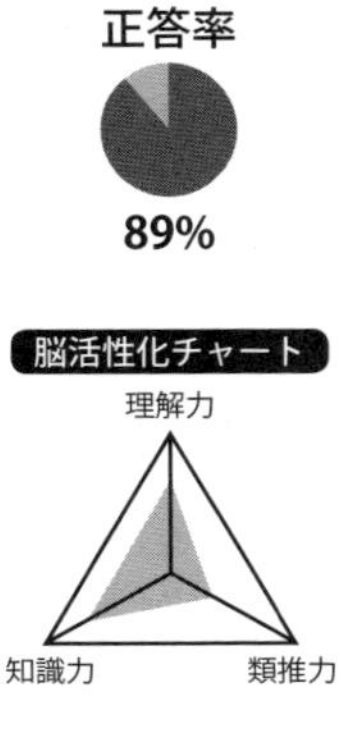

説明を聞いて漢字を書く

問題A

次の文はある漢字の書き方を説明したものです。漢字とその読みを書いてください。

まず、カタカナの「コ」を横に平べったく書いてください。その「コ」の下の横棒の左端を起点に、カタカナで短い「ノ」を書いてください。書き終わったところからつなげて、カタカナの「カ」の最初の一画目だけを書きます。以上です。

解答欄　漢字 □　読み（　　）

ブラインド漢字書き取りゲーム

問題B

問題Aの正解は「弓（ゆみ／きゅう）」です。次はあなたが問題を出す番です。次のルールを守って身近な人を相手に問題を出し合いましょう（問題に使う漢字は次ページを参考）。

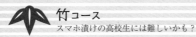

●出題ルール

1　その漢字を含む熟語を使ったり、その漢字の読み方（音・訓）を伝えたりしない。
（例）×「『弓道』の『きゅう』です」×「弓矢の『ゆみ』です」

2　「へん」や「つくり」を伝えてもよい。ただし、相手が知っているとは限らない。
（例）○「『なべぶた』の下にバッテン（＝文）」「ナベブタ？　知らない」

3　「へん」や「つくり」を伝える場合、その漢字の読み（音・訓）を含んでいない。
（例）×「『ゆみへん』を横に広げた漢字です」

【出題のねらい】相手にわかる説明をする。

説明しにくい漢字一覧

五　六　七　九　上　下　左　右　人　手　不　足
首　大　中　小　少　月　火　水　木　金　元　凶
耳　目　糸　才　以　戸　止　父　母　子　兄　弟
生　氏　夫　句　史　市　己　虫　心　光　会　長
短　丹　竹　可　毛　空　円　高　図　画　面　重
冬　乙　家　来　気　危　机　書　呼　差　作　茶
査　師　司　州　世　牛　乳　羽　歯　非　皮　肉
妻　美　無　矛　武　馬　園　喪　茂　反　感　亜

●面倒だからこそ脳トレになる

問題Aは最善の説明を心掛けたつもりですが、「弔」や「己」などの誤答例が出てきてしまい、読者モニターの正答率は89%にとどまりました。難しいものです。

よく、電話越しに自分の氏名の漢字を伝えなければならないことがあります。私の場合、「樋口」は「木へんに通るという字に、目鼻口の口です」と説明し、それでたいていの人は了解してくれます。説明が難しい名字の方は、そのたびに面倒な思いをして大変でしょう。ただ、面倒だからこそ脳トレとして効果があるのだと思います。

書くチカラ

問題十一　文章にすると喧嘩になる

次の会話を「だ」で終わる文章体にしてください。ただし「のだ」「んだ」は使えません。

（例）「今夜は早めに帰るよ」↓　今夜は早めに帰るつもりだ。

①「そろそろ起きてよ」

②「昨夜の酒がまだ抜けなくてさ」

③「いい年をして、みっともないわね」

【出題のねらい】文をひとひねりする。

全問正解率

33%

脳活性化チャート

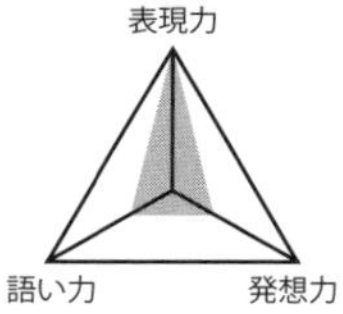

解答例

①そろそろ起きる時間だ／そろそろ起きるべきだ
いつまで寝ているつもりだ
②今朝は二日酔いだ／昨夜の酒がまだ抜けないようだ
③いい年をして、〔無様だ／恥さらしだ／面汚しだ／最低だ〕

解説

上手に翻訳して言い換える

読者モニターの正答率は①63％、②50％、③47％で平均正答率は半分を超えますが、全問正解率は33％と低調でした。「のだ」や「んだ」を使えない縛りが効いたのでしょう。

この場合、「名詞＋だ」で言い換えることを考えます。原文と同じ意味になるように上手に翻訳して、①「いつまで寝ているつもりだ」や②「今朝は二日酔いだ」のような解答でもかまいません。③は、「クズだ」「最低だ」「だらしない奴だ」「どうしようもない男だ」など、相手を罵倒する言葉であれば正解にします。これも一種の「翻訳」と言えるでしょう。

類題⑩ 日本語を日本語に翻訳する

次の文を、「だ」で終わる文章体に改めてください。ただし、「のだ」「んだ」を使ってはいけません。

①「残業なんかしたくねー」
②「じゃあさ、5時で帰ろうぜ」

➡ 解答は93ページ

読むチカラ

立体の切り口を読み取る

問題十二

人参の切り方を説明した次の文を読み、図２の斜線で示した一片を立体的に描いてください。

❶ 人参の皮をむき、縦に２つにカットする（図１）。
❷ カットした１つを、平らな面を下にして置き、縦に２つにカットする。
❸ ❷でカットしたものを、１センチ程度の幅で横にカットしていく（図２）。

正答率

50%

脳活性化チャート

図1

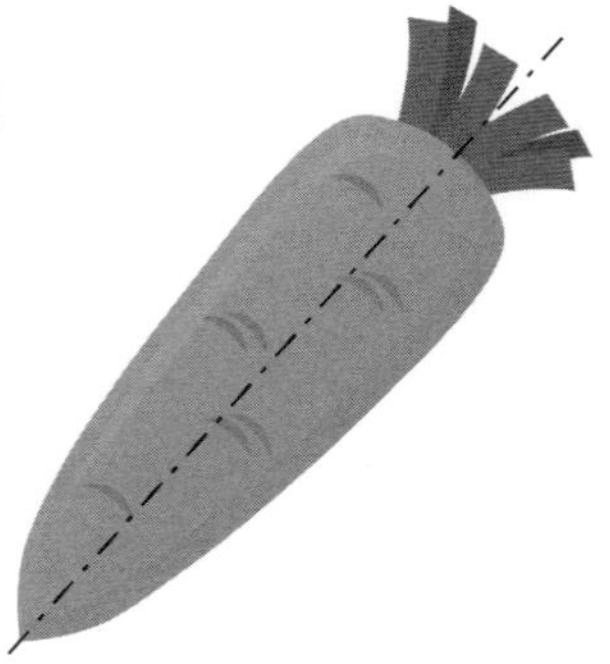

図2

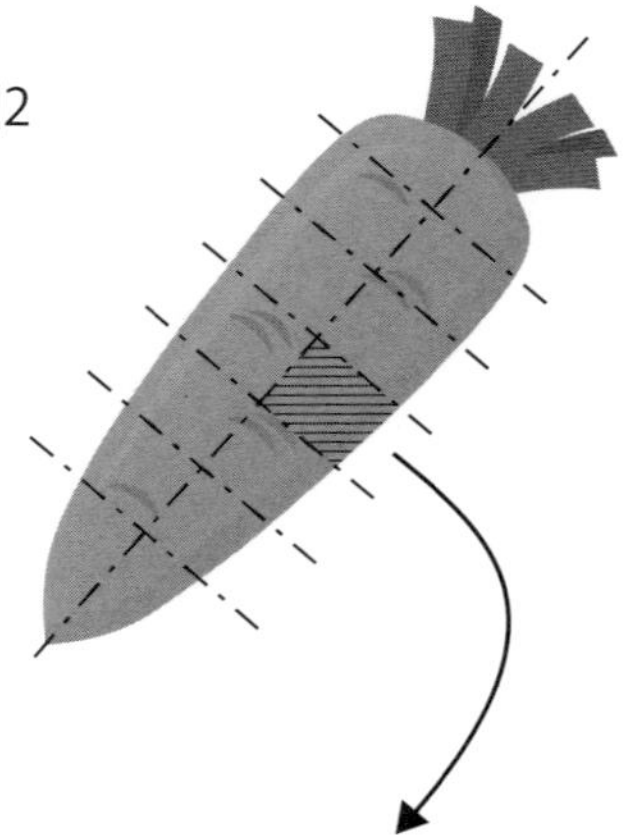

解答欄

【出題のねらい】「エアクッキング」を楽しむ。

正解

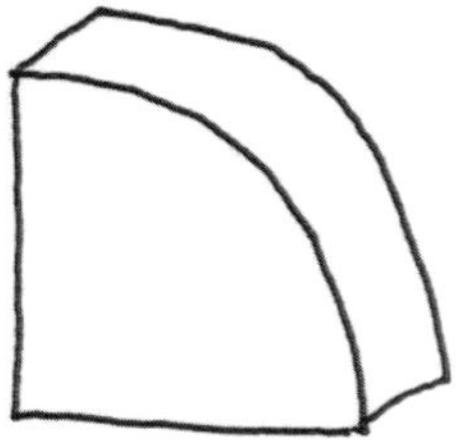

▼読者モニターの誤答例

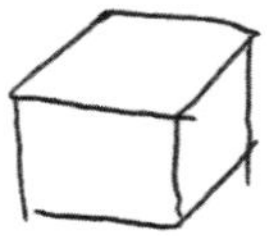

解説

モニター女性陣、苦戦！

女性陣に花を持たせるための出題でしたが、ちょっと誤算でした。読者モニターで不正解（または白紙答案）だった51名のうち、女性が7割近くの35名を占めました。

空間認識力を問う問題は、どうしても女性vs男性の図式で捉えたくなってしまいます。そして、そのたびに予想を裏切らない結果が出てくるので、女性の方には申し訳ないような……。

間違えた方は、下の類題で名誉挽回を果たしてください。

類題⓫「エア包丁」で野菜を切る

次の文は「胡瓜の千切り」の説明です。空欄に入る言葉を書いてください。

塩で（　①　）ずりをした胡瓜を切り口が（　②　）形になるように斜め薄切りにし、切ったものを重ねながら少しずつずらし、端から1～2mm幅で切っていく。千切りにした胡瓜の両端は（　③　）なので、鮮やかな（　④　）色をしている。

➡ 解答は93ページ

知るチカラ

問題十三

お父さん、旗色悪し

次の会話文の空欄①～③に入る最も適切なことわざを、後のア～ウから選んでください。

父「ボウリングは30年ぶりだが、（　①　）だ。お前たちには負けんからな」
娘「もう、すぐムキになるんだから」
父「父さんの負けず嫌いは子どものころからだ。（　②　）ということさ」
母「そうなの。全然変わらないのよ、この人。昔から女癖も悪くてねぇ」
娘「えっ？　ひどーい、サイテー」
父「そ、そりゃアレだ、（　③　）だな。はは、わはははは」

ア　雀百まで踊り忘れず　　イ　昔取った杵柄　　ウ　三つ子の魂百まで

解答欄　①　②　③

【出題のねらい】故事成句の意味をチェック。

全問正解率

脳活性化チャート

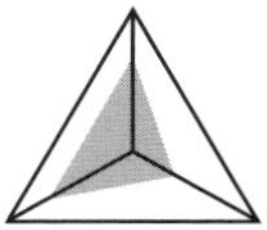

正解

①イ　②ウ　③ア

解説

「踊り」は道楽、「魂」は性質

【雀百まで踊り忘れず】幼いころに身につけた習慣や若いころに覚えた道楽は、いくつになっても直らない。あまりよい習慣には使われず、主に「飲む・打つ・買う」のような道楽に対して言う。

【昔取った杵柄】過去に習得した技術は、ブランクがあってもやればすぐに復活する。

【三つ子の魂百まで】幼いころの習性や生まれ持った性質（性格）は一生変わらない。

類題⓬

次のことわざの空欄を埋め、意味を書いてください。

枯れ木も（　　）の賑わい

⬇解答は93ページ

● 故事ことわざは人間関係の潤滑油

読者モニターの正答率は、①83%、②70%、③62%でした。年代別に見ると、一番易しい①を間違えた方が17名で、このうち49歳以下が６割弱の10人を占めました。ちなみに、70歳代で間違えた方は一人もいませんでした。

故事ことわざは、相手を揶揄、批判したいときなどに使うと、上から目線ではないユーモアやウィットを感じさせてくれます。いわば人間関係の潤滑油になりますので、知っているだけで満足せず、日常生活でも積極的に使うよう心掛けてください。

伝えるチカラ

わかったからひと言で頼む

問題十四

次の文を読んで、言わんとする趣旨を12字程度で表現してください。

（例）私の息子は、自分の言いたいことをうまく表現できない。↓　私の息子は口下手だ。

①「ウチの主人は家の中では威張ったり怒鳴ったり威勢がいいけど、外ではまったく逆でさ。態度の悪い店員にもペコペコしちゃって何も言えないのよ。もうやんなっちゃう」

②「もしもし裕二、えっ留守電？……（ピー音）あっ裕二？　あのね、おじいちゃんの容態が急に悪くなってね、明日までもつかわからないって危ない状態らしいのよ。で、お父さんが皆に連絡してすぐ病院に来させろってさ。でもアンタだけ連絡つかな（ピー音）」

【出題のねらい】趣旨を汲んで要約する。

全問正解率

53%

脳活性化チャート

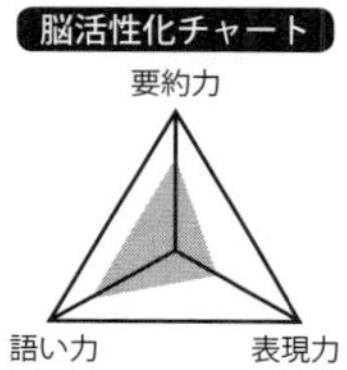

解答例

①私の主人は内弁慶（外鼠）だ／ウチの主人は外面がいい

②祖父危篤、すぐ病院に来い／すぐ病院に来なさい

解説

人間観察は洞察力を鍛える趣味

お喋りが好きな人との会話は楽しいものですが、言うことが要領を得なかったり、長々と喋る割に内容が薄かったりすると、イライラすることがあります。ただ、そんなときでも「この人が本当に言いたいことは何なのか」を探る人間観察を心掛けてみてください。

たとえば①の奥さんの愚痴にしても、のろけで言っているのかもしれません。あるいは、態度の悪い店員に腹を据えかねて、間接的に文句を言っている可能性もあります。こうしたことを前後のつながりや話し方などから推測すると、実は「話されていないこと」に、その人の本当の主張が潜んでいることが多々あります。

話された情報をもとに、その裏側にある本音を探る人間観察は、論理力や洞察力を鍛える知的な趣味と言えるでしょう。

例題⓭ 結婚式の祝電を「超要約」する

次の祝電メッセージ見本（90字）を30字以内で書き改めてください。

ご結婚おめでとうございます。何事にも誠実に対応し誰からも慕われる人柄の＊＊様。結婚生活も円満に歩んでいかれることと存じます。末ながいお幸せとさらなる飛躍を心よりお祈り申しあげます。（出典：NTT 東日本ホームページ）

➡ 解答は93ページ

考えるチカラ トリセツを読んで考える

問題十五

家庭用カセットコンロの取扱説明書の「特に注意していただきたいこと」として、下のような記載がありました。
この中の、ガス漏れに気づいたときの処置を説明した③で、「換気扇を使用しないでください」とあるのはなぜでしょうか。その理由を説明してください。

（取扱説明書出典「イワタニカセットフー スーパー達人スリム」）

危険　火災予防、ガス事故防止のために。

●ガス漏れに気づいたら、すぐに火を消す

ガスが漏れるとガスのニオイ（くさった玉ねぎなどのようなニオイ）がします。ブタンガスは空気より重く下部に溜まりますので、電気製品のスイッチを入れたり、火気の使用をしないで、すぐに次の処置を行ってください。（引火により爆発の恐れがあります）

①直ちに火を止める。（器具せんつまみを「消」の位置にする）

②容器（ボンベ）を外す。

③窓や戸を空けて漏れたガスを外に出す。（**換気扇を使用しないでください**）

説明

【出題のねらい】素朴な「なぜ」に目を向ける。

正答率

77%

脳活性化チャート

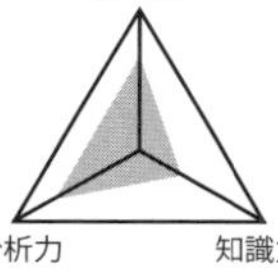

解答例

換気扇は電気製品なので、スイッチを入れた際に引火・爆発の恐れがあるため。

解説

身の回りの「謎」を解明する

日常、ふとした折に「あれ、なぜだろう」と疑問に思うことがあります。たいていは「どうでもよいこと」なので、深く考えたり調べたりせず、やがて無感覚になっていきます。しかし、こうしたことに意識を向けて身の回りにある疑問や謎を掘り起こし、徹底的に調べてみてはどうでしょう。

・コメ印と呼ぶ電話機のボタンは「米」の字ではないのになぜ？

・時計屋の時計はなぜ全部10時10分を指す？

・お湯が湧いたことを知らせる給湯器の音楽は何という曲？

興味の喪失は、脳の老化を示すと言われます。「くだらない」とか「どうでもよい」などと考えず、些細なことに疑問や興味を持って調べること自体、脳を若く保つ秘訣のように思います。

●「竹コース」全46題の成績発表

読者モニターの平均正答率は65%で、年齢区分別では49歳以下58%、50歳代70%、60歳代69%、70歳以上61%でした。正答率ベスト３（91%以上）には下のように６名がランクインし、シニア世代が貫禄を示しました。

《正答率ベスト３》　第１位　95%（68歳男性）
第２位　93%（58歳男性）
第３位　91%（75・70・56・52歳の４名。すべて男性）

竹コースの類題●解答例／正解

類題❶（56ページ）
木曽路はすべて山の中にしかない。
山の中にない木曽路は1つとしてない。

類題❷（60ページ）
①助産師
②あん摩マッサージ指圧師／鍼灸師／指圧師
③診療放射線技師

類題❸（62ページ）
①とろーり　②スカッ　③パンパンパン

類題❹（64ページ）
①悲しい酒（美空ひばり）
②夜空ノムコウ（SMAP）
③高校三年生（舟木一夫）

類題❺（70ページ）
足利義満が金閣寺を建てた。

類題❻（72ページ）
①「殿、奥様に〔はかられ／騙され〕ました」
②「え、何だと？／しまった！／そんなバカな！」

類題❼（74ページ）
①81　②52　③11

類題❽（76ページ）
①銀行　②税務署　③老人ホーム

類題❾（78ページ）
①どちらも足がない。
②どちらも足がはやい

類題❿（84ページ）
①残業は〔ごめん／嫌／勘弁〕だ。
②では5時に〔帰宅／帰社／店じまい〕だ。

類題⓫（86ページ）
①板　②楕円　③皮　④緑（青）

類題⓬（88ページ）
「山」
意味…つまらないものでも、ないよりはまし。

類題⓭（90ページ）
祝ご結婚。誠実で信望の厚い＊＊様、円満に末永く一層の飛躍を！（30字）

厚めのネタでお腹を満たします

松コース

高校卒業程度

受験生諸君、解けなきゃダメでしょ!

松コース

お品書きにかえて

竹コースまでを終えて、いかがだったでしょうか。まだまだ余裕という方は、続けてこの松コースとそれに続く「特上ネタ」「極上ネタ」へと進んでください。ちょっと辛くなってきたという方は、できそうな問題だけを選んで解いてもらってもかまいません。

ここからは、正解が複数ある問題をさらに増やしました。加えて、長めの文章を書く記述問題を多めに取り入れました。「ソレ、その文章問題がダメなんだ」と嫌な顔をされる方もいらっしゃるでしょう。

しかし、簡単な問題ばかりでは、脳に「怠け癖」がつきます。時に限界を超えるほど負荷をかけてやると、脳は喜んで力を発揮します。皆さんにとっての「苦手な問題」「面倒な問題」が、まさにそれです。「脳にエサを与えてやるか」くらいに思って進みましょう。

凡例

【正答率】【全問正解率】【脳活性化チャート】【指定文字数】
→いずれも「梅コース」竹コース」と同じ（12、54ページ凡例参照）。

【得点率】 10点法による採点の文章問題（問題11、12、14①②、15、「特上ネタ」、「極上ネタ」）では、全体の平均点を10倍して百分率で表す（白紙答案は０点）。

得点率

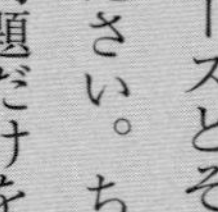

10点満点での
平均点は5.0

【解答例】【正解】【類題】
→いずれも「梅コース」と同じ（12ページ凡例参照）。

書くチカラ 表現に工夫を加える

問題一

次の文を、「です」「ます」「だ」「である」「～ない」を語尾に使わない文章体に改めてください（会話体、体言止め、方言、古典語は不可）。

（例）彼女は上機嫌である。↓　彼女はとても機嫌がよい。

我輩は剣道五段である。

解答欄

【出題のねらい】学習能力を高める。

正答率

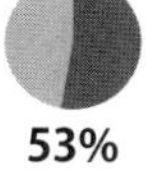

53%

脳活性化チャート

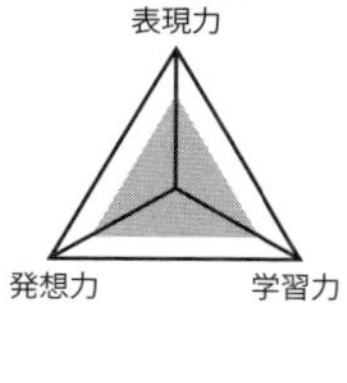

解答例

我輩は剣道五段の〔腕前／免状〕を〔持つ／持っている〕。

我輩は剣道五段の昇段試験に〔受かった／受かっている〕。

解説

コツをつかんでスキルアップ！

「竹コース」の問題一（55ページ）と同じような書き換えですが、こちらのほうが考えやすく、正答率は半分を超えました。読者モニターの採点では「我輩は剣道五段を持つ／持っている」も正解にしました。慣れてコツが飲み込めてくると、難しく感じなくなるものです。次の類題で学習効果を確かめてみましょう。

類題❶

次の文を、問題一と同様の条件で、同じ意味の文に書き換えてください。

①我輩は短気である。

②我輩は江戸っ子である。

⬇解答は135ページ

● 文章における「言い換え」の効用

文を書くときは、一度使った言葉や言いまわしを何度も使わず、別の表現に書き換えることで、こなれた感じになります（下の例文の下線部）。

（例文）　「上から目線の司会者の言い方に、ゲストは不快そうだった。テレビを見ている私も、上から目線の司会者の言い方は不快だった」

言い換え→　「上から目線の司会者の言い方に、ゲストは不快そうだった。テレビを見ている私も、人を見下すような司会者の物言いは不愉快に感じた」

読むチカラ

問題乙

諸般の事由に鑑み是正する

近年、「お役所言葉」の改善運動に取り組む自治体が増え、次のような難解な慣用表現を平易に言い換えることが奨励されています。その趣旨に沿って傍線部を直してください。

①今回の職員の不祥事は、誠に遺憾である。

②再発防止のため、可及的速やかに善処したい。

③改めて服務規律を周知徹底させる所存である。

【出題のねらい】平明な表現を心掛ける。

全問正解率

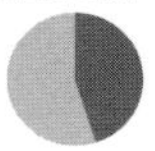

45%

脳活性化チャート

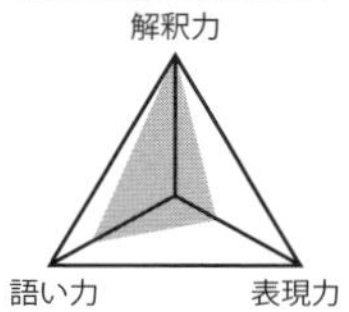

解答例

① 〔とても／非常に／本当に〕残念である。
② できるだけ早く適切に〔処理／対応／改善〕したい。
③ 広く〔すみずみまで／すべての職員に〕知らせるつもりだ。

解説

政治的には使い勝手のよい言葉

「遺憾」を「許し難い」（怒り）や「申し訳ありません」（謝意）の意味に解釈した解答は不正解とします。「遺憾」自体には、そもそも怒りや謝意の意味を含んでいないからです。

もっとも、「遺憾である」の発言から、状況によって言外に「許し難い」や「申し訳ない」などのニュアンスを汲み取れることも多々あります。しかし、発言者は「残念である」としか言っていないところがミソで、あとは聞く人の解釈や忖度に委ねられるわけです。もし「遺憾」に怒りや謝意の意味があるとしたら、特に国際外交の場では迂闊に使えません。すぐに怒ったり簡単に謝ったりしていると、相手国につけ込まれてしまいますから。

類題❷ お役所言葉を翻訳する

次の文の下線部を平易な表現に改めてください。

① 諸般の事由に鑑み是正する。

② 現下の進捗状況を遺漏なく調査する。

➡ 解答は135ページ

知るチカラ

違いがわかる人、わからない人の違い

問題二

次に挙げる2つのものは、何が違うのでしょうか。例にならって書いてください。

(例) 越前ガニと松葉ガニ

↓ 産地が違う。前者は福井県、後者は山陰地方でとれるズワイガニ。

全問正解率

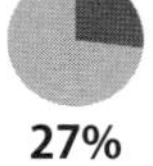

27%

脳活性化チャート

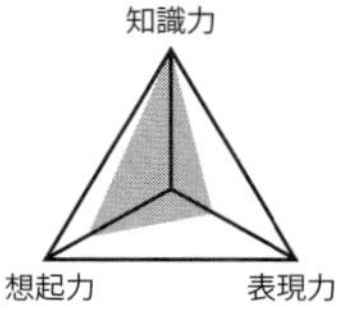

① すだちとかぼす

② バターとマーガリン

【出題のねらい】ぼんやりした違いを明確に。

解答例

①大きさや産地が違う。前者は小さく徳島県、後者は大きく大分県の特産。

②原材料が違う。前者は牛乳から、後者は他の（植物性、動物性の）油脂から作られる。

解説

知ったかぶり、ごまかしが利かない

①は、大きさと産地のどちらかの違いを正しく書いてあれば正解とします。②の違いは、正確には「バターは乳脂肪分が80％以上含まれ、マーガリンは油脂（植物性、動物性を問わず）が80％以上含まれる」ですが、そこまで専門的な説明を求めるのは酷なので、右の解答例に近いことが書けていればよしとします。

②の採点基準ですが、「バターは乳製品」「バターの原料は牛乳」と書かれていれば正解とします。ただし、「バターは動物性、マーガリンは植物性」は正確ではないので、厳しいようですがバツにしてください。どちらもごまかしが利きにくい問題です。

類題❸ 台所にある物でたとえると？

パソコンの「ファイル」と「フォルダ」の違いを、台所にある物にたとえて簡単に説明してください。

➡ 解答は135ページ

伝える チカラ

問題四

絵のうまい下手は関係なし

次の文章は、ある動物について説明したものです。この動物の名前を書き、体の模様の特徴がわかる絵を描いてください。

体長は120～150センチメートルで、立ち上がると170センチメートル程度。白と黒の模様が特徴的で、眼の周囲、耳、後ろ足、前足から肩にかけての毛と鼻頭が黒く、短い尻尾も含めて他の部分は白色である。

解答欄

名前〔　　　　　　　　〕

体の特徴

【出題のねらい】画竜点睛を欠かさない。

正答率

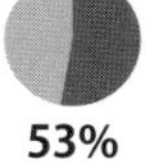

53%

脳活性化チャート

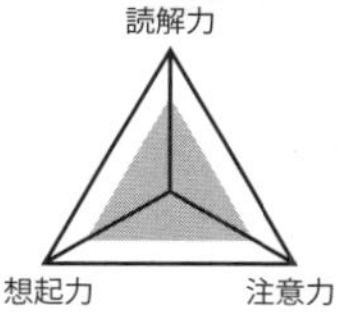

解答例

名前（ジャイアント）パンダ

72歳 女性

49歳 男性

63歳 男性

誤答例

34歳 女性

53歳 女性

82歳 女性

72歳 男性

解説

読者モニターの力作展覧会

右の解答例と誤答例は、すべて読者モニターによるものです。誤答例はどこが間違いなのかを考えながら鑑賞してください。

● お絵描きに没頭するあまり？

この問題は、頭の中にあるパンダをそのまま描くのではありません。白黒模様を説明した文章と記憶とを照合・補正しながら、説明文に忠実な絵を描きます。

読者モニターに描いてもらった絵は、どれもパンダの白黒模様の特徴をよく捉えています。ただ、絵を描くことに熱中しすぎたのか、思わず尻尾まで黒くしてしまった方が散見されました。心を鬼にして不正解にしましたが、本当のところは絵を描いてくださったすべての方に、ハナマルを差し上げたい気持ちです。

考えるチカラ

問題五　騙されやすい血液型は？

次の文章には矛盾したことが書かれています。筆者の矛盾点を60字程度で指摘してください。

「A型の人は神経質、O型の人は大雑把」など、血液型で性格を判断できると信じている人が世の中には多い。ある調査では、B型の人は物事を合理的に考え、血液型による性格判断を信用しない傾向が強いという結果が出た。私はB型だが、まさに調査結果の通りで、血液型を信じる人の気が知れない。

解答欄

【出題のねらい】物事を論理的に考える。

正答率

40%

脳活性化チャート

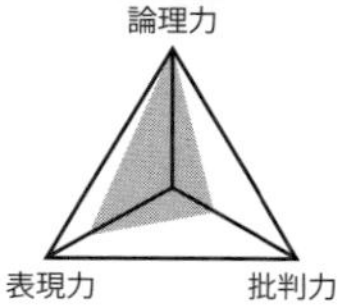

解答例

血液型を信じていない筆者が、血液型による性格や傾向の違いを調べた結果を、自分の血液型に照らして肯定するのは矛盾している。(60字)

解説

わかっていても書けないもどかしさ

筆者は「血液型を信じる人の気が知れない」、つまり血液型による性格判断を信じていません。その筆者が「B型は合理的で血液型を信じない傾向が強い」という、それ自体まさに「血液型による性格判断」である調査結果を肯定する点が矛盾しています。

読者モニターの正答率は40%でしたが、筆者の矛盾点に気づいていた方はもっと多いと思われます。ただ、それをうまく文章で表せないだけで、頭の中がモヤモヤしてもどかしい、そんな気持ちが伝わってくる答案が多々ありました。この「もどかしさ」こそ、文章を書くという行為の本質、そして醍醐味でもありますので、大いにモヤモヤを楽しんでください。

● モヤモヤしてもどかしい答案例

「筆者の矛盾点」はおそらくわかっているのに、言葉足らずのために的確に説明しきれていない例を、読者モニターの答案からいくつか紹介します。

- 「B型の人は血液型による性格判断を信用しないとB型の作者は信じている」
- 「B型の人は血液型による性格判断を信用しない傾向が強いという結果が出たとあるが、『私』は信用しているという点」
- 「私はB型なのに、この調査結果の通りであると性格判断を信用しているから」

コラム

若さを保つ日本語のチカラ⑤

超短編「自分史」のススメ

―― 伝えたい人生の1200字

日々忙しい生活の中では、落ち着いて読書をしたり、物を書いたりするゆとりがないように思うかもしれません。これが仕事であれば無理をしてでもやりますが、そうでなければ、読んだり書いたりすることの優先順位は低くなって当然だと思います。

優先順位を上げるのに必要なのは、目標と意欲ではないでしょうか。何を書くか、どんなことを書くか、という明確な目標が決まれば、自ずと書く意欲や読む意欲も湧いてきます。

そこで私がお勧めしたいのが、「自分史」の執筆です。「それはいずれ書きたいと思っていた」という方もたくさんいらっしゃるでしょう。しかし、「まだその時期じゃない」「もう少しゆとりができてから」と先延ばしをしているうちに、書く意欲や気力を失ってしまうかもしれません。

「自分史」を大げさに考えることはありません。時系列に沿う必要もありません。人生のある一日、ある一瞬を切り取ってまとめるだけでいいのです。文字数にして1200字程度（A４用紙１枚）でじゅうぶんです。多少の誇張や嘘を交えても全然かまいません。

若き日の失恋の思い出、プロポーズした日、子どもが生れた日、仕事で大失敗した日など、書くことはいくらでもあります。その中から、子どもや孫たちに伝えたい順番で今から書き貯めていけば、最終的には長編小説に匹敵する「大作」ができ上がります。

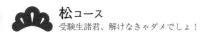

お好みネタ
本日のおすすめ

時刻

今でも使う「正午」「おやつ」などの言葉の起源は、江戸時代の時刻制度にあります。江戸にタイムスリップして、当時の時刻について考えてみましょう。

全問正解率

24%

脳活性化チャート

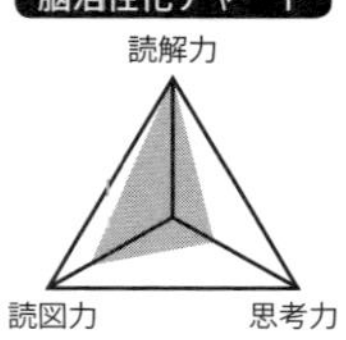

草木も眠る丑三つ時

問題

江戸時代には、日の出の少し前を「明六《あけむ》つ」、日の入りの少し後を「暮六《くれむ》つ」とし、それぞれの間を6等分して一日の時刻を表していました。時刻は、四、五、六、七、八、九の6つの数字で表し、午前と午後を区別するために「昼九つ」「暁九つ」などと呼びました。また、干支を使った時間の表し方も併用され、たとえば「午《うま》の刻」は、現在の午前11時頃から午後1時頃までの約2時間（一刻）を表します。これについて、次の問いに答えてください。ただし、下の図は春分の日のものとします。

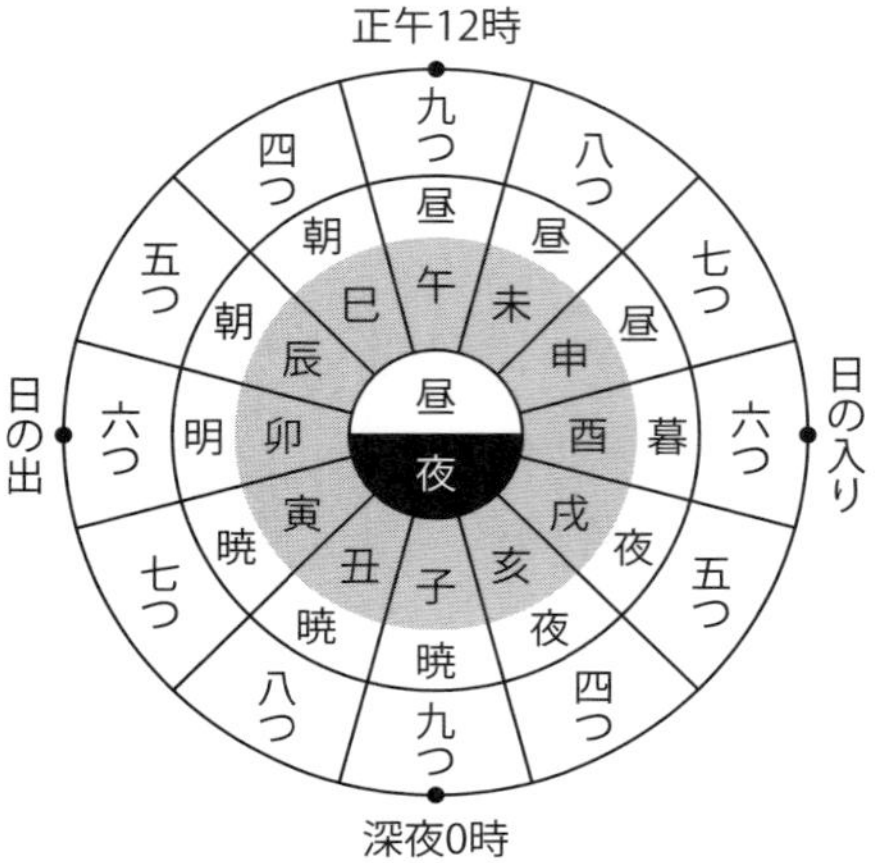

【問一】江戸の町では、時を知らせる鐘が鳴ります。「朝四つ」の鐘が鳴ってから約4時間後の時刻を、当時の表し方（数字を含む3文字）で書いてください。

【問二】干支で表す一刻はさらに4等分し、早い方から「一つ時」「二つ時」「三つ時」「四つ時」と言うことがあります。「草木も眠る丑三つ時」とは、現在の時刻で何時頃でしょうか。

【問三】江戸時代の時刻制度は、一刻の長さが季節によって変化する不定時法です。冬至の日の日中の一刻の長さは、春分の日と比べてどうなるでしょうか。

解答欄

問一 □□□

問二 □□□□□□□□□□

問三 □□□□□□□

【出題のねらい】時間を気にせず考える。

正解

①昼八つ
②午前2時〜2時半
③短くなる。

解説

じっくり、落ち着いて図を読み解く

江戸時代の時間表記を示す図を丁寧に読み解きます。図の「明六つ」（日の出）が朝の6時頃とすると、「朝四つ」は午前10時頃になり、その約4時間後は「昼八つ」（午後2時頃）、江戸ではちょうど「おやつ」の時間帯となります。

「丑の刻」は、午前1時から3時までの約2時間で、これを4等分したうちの3つ目（丑三つ時）は、午前2時から2時半の時間帯です。「午前2時頃」や「午前2時半頃」も正解とします。

冬至の日は、昼の長さが一年のうち最も短い日ですので、日中の一刻の長さは春分の日よりも短くなります。

いずれの問題も、知識力より読解力や思考力が問われます。

●昔「二六時中」、今「四六時中」

24時制の今は「一日中」のことを「四六時中」（4×6=24）と言いますが、1日を12分割する江戸時代の名残から、昔は「二六時中」（2×6=12）と表現していました。夏目漱石の『我輩は猫である』にも次のような一節があります。

「（前略）従っていかに吾輩の主人が、二六時中精細なる描写に価する奇言奇行を弄するにも関らず逐一これを読者に報知するの能力と根気のないのははなはだ遺憾である。（後略）」。言葉は時代や文化とともに移ろいます。

書くチカラ　問題六

誰か、背中を押してあげて！

次の文章の傍線部A～Cを、「ない」の否定表現で終わる同趣旨の文に書き改めてください。

（例）富士山は日本で一番高い山だ。→　富士山よりも高い山は日本にない。

A楽器を習いたいという人が多い。お隣の山田さんは、駅前に新しくできたミュージックスクールに通い始めたそうだ。B私にもその気持ちが少しある。実際、入会案内のチラシを捨てずにとってある。ただ、C経験がないので二の足を踏んでいる。

解答欄

A

B

C

【出題のねらい】否定表現を使いこなす。

全問正解率

29%

脳活性化チャート

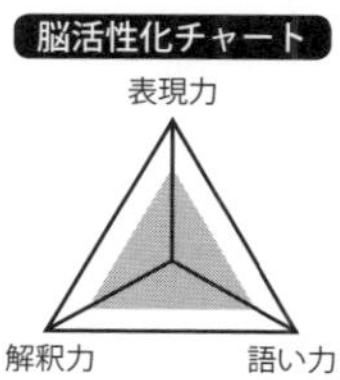

解答例

A　楽器を習いたいという人が少なくない。

B　私にもその気持ちが〔ないことはない／全くないではない〕。

C　ただ、経験がないので〔一歩踏み出せない／決心がつかない〕。

解説

意外にスッと出てこない表現

Aを「楽器を習いたくないという人は多くない」とした答案が続出したのには少々驚きました。正解にしましたが、なぜあえてこねくり回したのかと想像するに、「少なくない」がスッと思い浮かばず、「多い」を「多くない」に換えて強引に使ったためでしょう。確かに、「少なくない」は日常よく使う表現ではありません。

Bでは、「私にはその気持ちがほとんどない」と書いた方が目につきました。さすがに意味が変わるので不正解です。「その気持ちがあまりない／少ししかない」は、一文だけ取り出せば同じ意味と言えなくもないのですが、文脈的に不自然でニュアンスもかなり変わってしまいますので不正解とします。

類題❹ 婉曲的に使う「〜ない」の表現

次の文を「〜ない」の否定表現で終わる婉曲的な表現に改めてください。

① 私は頭がよい。

② 君は太りすぎだ。

➡ 解答は135ページ

読むチカラ

問題七　昔卒業式、今阪神タイガース

唱歌「蛍の光」（作詞・稲垣千頴）の次の歌詞を、解釈を交えて現代語に訳してください。

ほたるのひかりまどのゆき　ふみよむつきひかさねつつ
いつしかとしもすぎのとを　あけてぞけさはわかれゆく

正答率

38%

脳活性化チャート

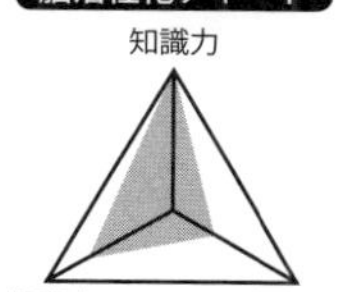

解答欄

【出題のねらい】歌詞の意味を理解して歌う。

解答例

蛍の光や窓（の外）の雪明かりを頼りに書物を読む月日を重ねるうちに、いつのまにか年月が過ぎ、杉の戸を開けて今朝はいよいよ（級友たちと）別れの時を迎える。

解説

習っていなければ解釈は超難解！

冒頭「蛍の光窓の雪」をどう訳すかが、最大のヤマ場となります。間違えた方の多くは、「蛍の光や窓の雪を見ながら（＝夏が過ぎ、冬が過ぎ）」と解釈していました。ただ、これは知識問題と言ってよく、習った記憶がなければ間違えても仕方ありません。

学校の卒業式で「蛍の光」が歌われなくなって久しいようです。大晦日のＮＨＫ「紅白歌合戦」のフィナーレか、阪神タイガースの応援歌（相手投手の途中降板の際）でしか聴かない若者も多いでしょう。読者モニターの年齢別の誤答率を見ると、やはり49歳以下が最も高く、25名中21名（84％）が不正解でした。50歳代も意外に苦戦し、27名中17名（62％）が間違えていました。

● 古典の学習にぴったり！

ご存じの方も多いと思いますが、「蛍の光」の原曲はスコットランド民謡で、歌詞は中国の故事「螢雪の功」のエピソードからとったものです。ちなみに、旺文社の受験雑誌『螢雪時代』（1932年創刊）も同じ故事をタイトルにしたものです。

また、「時が過ぎ」と「杉の戸」、「（夜が）明けて」と「杉の戸を開けて」などは掛詞になっています。「あけてぞ今朝は別れゆく」は、〈強意の係助詞「ぞ」＋連体形〉の係り結びになります。古典の基本がてんこもりの歌詞です。

知るチカラ

イミフの略語が多すぎて

問題八

次の文の傍線部はいずれも略語です。もとになっている語句を書いてください。

（例）「明日のごごいちでお届けします」↓　午後の一番はじめ／午後一時ごろ

①援交で免職になった教師がいる。

②職員室でのマタハラ問題も発覚した。

③学校側はモンペの対応に頭を痛めている。

全問正解率

70%

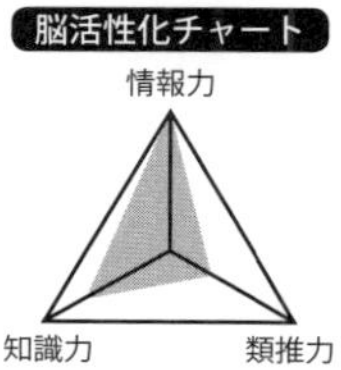

【出題のねらい】知らないことを誇らない。

正解

①援助交際

②マタニティーハラスメント

③モンスターペアレント（ツ）

解説

好奇心や興味が脳をイキイキさせる

事前の私の予想では、年配の方にはちょっと厳しいかと思いました。しかし、フタを開けてみると、どの年齢層の正答率も高く、読者モニターの70歳代、80歳代の方でも正解者が続出しました。

年を取ると対応能力が衰え、新しいことを記憶できなくなってくると言われますが、これには当然個人差があります。新しい情報に常に興味や好奇心を持ち、貪欲に知識を吸収しようとする人の脳は、いつまでも若く保たれるということでしょう。

よく、「そんなの知らないし」とか「オレ新聞読まないから」などと、威張った感じで言う人がいます。しかし、知らないのは本来なら恥ずかしいことです。知識には謙虚でありたいものです。

類題❺ アルファベット略字のモト

次の下線部は最近よく目にする略語です。何を略したものか、そのもとになった語句を書いてください（②は英語をカタカナで）。

①JKビジネスには注意が必要だ。

②LGBT（性的マイノリティ）への配慮が広がる。

➡解答は135ページ

伝える
チカラ

嫌味には皮肉で切り返す

問題九

嫌味を言われたとき、皮肉を込めた返事で一矢報いたくなることがあります。次の姑の嫌味に対して、嫁になったつもりで皮肉で切り返してみましょう。

(例) 課長「君の報告書、能書きばかり立派で中身はスカスカだよなぁ」
部下「はい、課長のご指導の賜物です」

姑「おや、今日の肉じゃががはいつもより美味しくできたみたいね。ようやくコンビニのレベルに近づいてきたって感じだけどねぇ」

嫁「　　　　」

【出題のねらい】頭を使って相手を貶める。

正答率

53%

脳活性化チャート

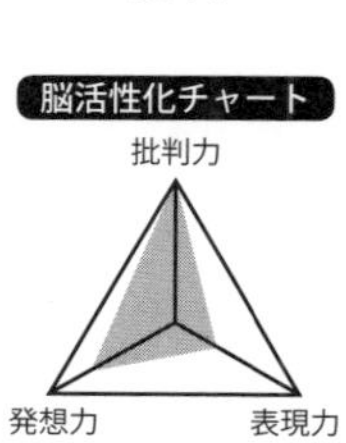

解答例

・「お義母様ったら鋭い！　今日はいつものレトルトパックをやめてコンビニで買ってみましたの」

・「ありがとうございます。今日はお義母様に教えていただいたレシピ通りに作ってみました」（35歳 女性）

・「そう言えば結婚前の主人がコンビニの肉じゃがを食べたとき、こんなに旨いのは初めてだって感動してました」（58歳 男性）

・「今まではお義母様を見習ってきたんですけど、主人の勧めで今はコンビニの味をまねているんですの」（86歳 男性）

解説

チクチク責める嫌味 vs ジワジワ効く皮肉

嫌味は直接的に相手をチクチク責めます。それに対して皮肉は一見嫌味や悪口に聞こえないようにして、間接的に相手を貶めます。ただし、頭の悪い相手には通じないのが皮肉の弱点です。

右の解答例は、最初のものを除いて、読者モニターの秀作答案です。皮肉のパターンを研究して腕を磨きましょう。

類題❻ 自慢ついでの嫌味にひと言！

次の岳父（妻の父）の嫌味に、裕二になったつもりで皮肉で切り返してください。

岳父「私が君の年くらいには、課長に昇進して家も買ってたんだけどなぁ」
裕二「＊＊＊＊＊＊＊＊＊＊＊＊＊＊」

➡ 解答は135ページ

考えるチカラ

厚めのオブラートで包む

問題十

本音を言うと相手がヘソを曲げそうなとき、婉曲的に表現したり別の視点で言い換えたりします。次の本音を、（　）内の相手の気持ちを考え、上手に言い換えてください。

（例）「たかがランチで6千円のコースだと？　その金銭感覚が信じられん！」（妻へ）
↓「たまの息抜きに贅沢なランチもいいよね。でもまぁ1年に1、2回だよね」

「親父の運転は見ていて危なっかしい。その歳で事故でも起こされたら、家族みんなが迷惑するだろ。いい加減、免許を返納すべきだ」（父親へ）

解答欄

正答率

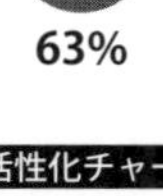

63%

脳活性化チャート

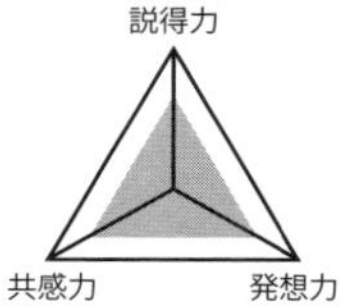

【出題のねらい】相手の急所を上手に突く。

解答例

・「親父はもともと慎重な性格だったから、うまくやってきたんじゃないか。これまでの評判に傷がつく前に考えるほうがいいよ」

・「近所の鈴木さんのお父さん、親父より2つ若いけど免許返納したって。そしたら色々特典がついて前よりも健康になって、いい事ずくめだって。一度会って話を聞いてみない？」

解説

「突かれると弱い急所」に狙いを定める

正解は親の数だけあります。父親の性格によっては、むしろ上からガンガン脅すほうが効果的かもしれません。孫が生き甲斐ならば「孫を悲しませないために」、名誉や体面を重んじる親には「評判に傷がつかないように」、依存的で同調圧力に弱ければ「親父の仲間と一緒に返納しない？」など、突かれると気持ちがグラっと揺れそうな急所に絞り、父親の立場に共感を示しながら説得を試みます。ただ、現実はそんなに簡単ではありません。悩んでいる方は、それで苦労された方の話を聞いてみることをお勧めします。

● 親の説得には第三者を巻き込んで

免許返納の次に待っている難題が親の介護問題です。周囲の話を聞くと、やはり女性よりも男性のほうが、介護サービスを受けることに対して抵抗感が強いようです。肉親ですとお互いに感情的になり、不毛な意地の張り合いに発展しがちです。

そんなときは、地域のケアマネージャーやかかりつけ医など、第三者の協力を仰ぐのがよいでしょう。特に男性の場合、外の人間には「いい顔」をする内弁慶的なところがあるので、周囲と協力しながらの説得が奏功することが多いと聞きます。

コラム

若さを保つ日本語のチカラ⑥

好きなことを好きなように

——義務感からの解放

好奇心が旺盛で、やりたいこと、好きなことをやっている。けっこうわがままだけど周囲の人に愛され、楽しく暮らしている。

まさに理想的な生き方です。こういう人は年を取ってもボケません。なぜ断言できるかというと、私の身近にいるからです。私の父や母、伯父や叔母が、まさにそういう人なのです。

私の父とその四人のきょうだいたちはみな90歳過ぎまで自分の生きがいを見つけて元気に過ごしました。父は最近、91歳で他界しましたが、最期までボケることはありませんでした。

叔母の一人は書くことが大好きで「自分史」を出版しました。父も祖父も司法書士で、好きで仕事を続けていました。やはり「読み書き」のボケ防止力は絶大のようです。

ただし、本当は興味がなく、やりたくないのに、「健康のため」とか「ボケないため」といった義務感が先に立つと、それがストレスになって心身の健康を害しかねません。

音楽でも料理でもスポーツでも、好きなことを追求する過程ではかならず「読み書き」が伴います。読書や文筆に興味がなくても、好きなスポーツ選手の自伝なら読むでしょうし、応援のメッセージを送りたくなるでしょう。義務感から解放されて好きに生きる中に、ことさら意識しなくても「読み書き」が自然に織り込まれてきます。皆さんも人生を大いに楽しんでください。

お好みネタ
本日のおすすめ

民法

財産や婚姻、相続など、民法は私たちの生活に密着した法律です。今回は遺産相続にも関係してくる親族間の「距離」について、民法の条文を読み解きます。

全問正解率

12%

脳活性化チャート

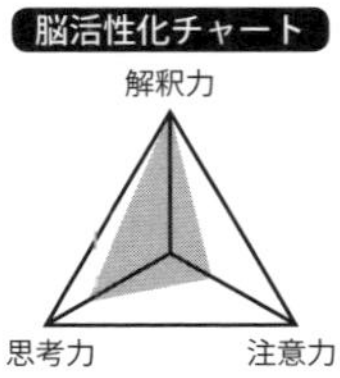

親戚の距離を親等で表す

問題

次の民法の条文を読んで、後の問いに答えてください。

民725条（親族の範囲）

左に掲げる者は、これを親族とする。

一　六親等内の血族

二　配偶者

三　三親等内の姻族

（注）血族――血のつながりがある人。　姻族――配偶者の血族や自分の血族の配偶者。

民726条（親等の計算）

一　親等は、親族間の世数を数えて、これを定める。

二　傍系親族の親等を定めるには、その一人又はその配偶者から同一の始祖にさかのぼり、その始祖から他の一人に下るまでの世数による。

（注）傍系親族――共通の始祖から枝分かれした血族。　配偶者の親等――ゼロと考える。

【問い】　左の図の「本人」から見た5人（P・Q・R・S・T）の親等を数字で書いてください。また、このうち民法上の親族でない人がいればその人の記号を、いなければ×印を書いてください。

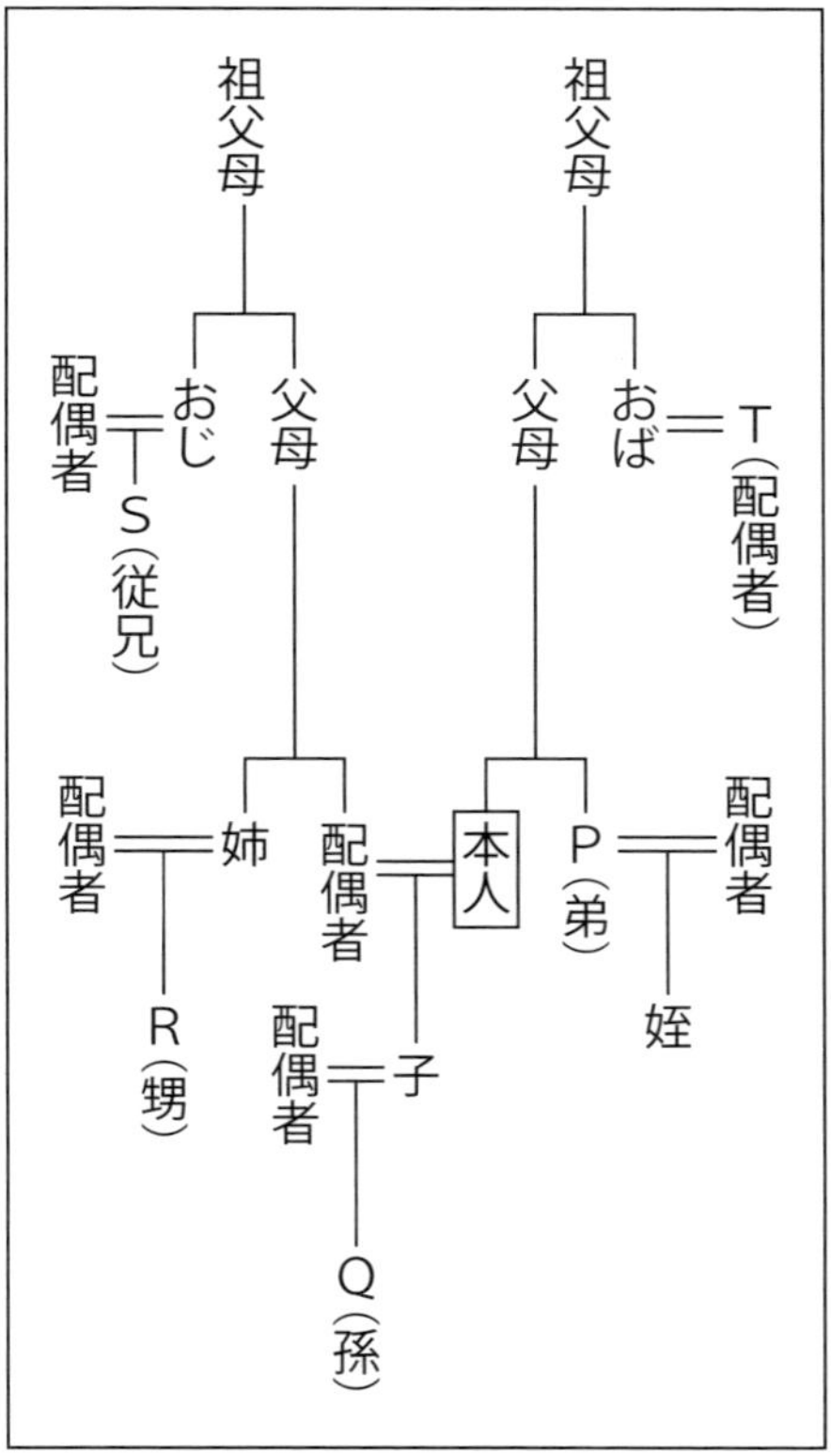

解答欄

P（　　　等親）

Q（　　　等親）

R（　　　等親）

S（　　　等親）

T（　　　等親）

民法上の親族でない人

〔　　　　　　　〕

【出題のねらい】不親切な条文を読み解く。

正解

P　2　Q　2　R　3

S　4　T　3　民法上の親族でない人　S

解説

実感とは異なる民法上の親族

親等の計算法をネットで検索すると、図解入りで懇切丁寧に説明をしてくれるサイトが実にたくさんヒットします。逆に言うと、それだけ民法の条文が不親切でわかりにくいということです。

世代が上下に直線的に繋がる直系血族は、その間を1つ、2つと数えます。兄弟や従兄の場合は、いったん共通の父母や祖父母に昇って、そこから枝分かれして降ります。すると、弟Pの親等は2、おばの配偶者Tは3（配偶者間の親等はゼロのため）、配偶者側の従兄Sの親等は4となります。親等4の従兄Sは姻族ですので、民法725条・三により「親族の範囲」から外れます。実感では、自分の兄弟Pの親等は1のような気がします。配偶者側の従兄Sは普通に親戚と呼びますので、これも実感とは異なります。

● 生物学上の親族間の距離

民法とは別に、生物学では近親者の遺伝的な関係の程度を表す指標があります。たとえば、本人とその親、兄弟、子どもなどを「第一度近親者」（遺伝情報を50%共有）とし、本人の祖父母、おじ、おば、甥、姪、孫を「第二度近親者」(遺伝情報を25%共有)としています。

こうした指標は、主に遺伝子が関係する病気の発症リスクの説明に用いられることが多いのですが、こちらのほうが私たちの実感により近いように思えます。

書く チカラ　冗長な文をスマートに

問題十一

次の文には「高齢者ドライバー」という言葉が3回出てきます。これを1回書くだけの同趣旨の文に書き改めてください。その際、傍線部の語句を必ず使ってください。

最近、ニュースで高齢者ドライバーの交通事故が盛んに報じられ、それを見ると高齢者ドライバーによる事故が増えているように思えるのだが、『警察白書』で調べてみると、高齢者ドライバーが起こした事故の件数はここ10年間で減少していることがわかる。

得点率

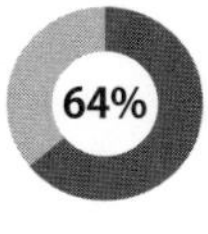

脳活性化チャート

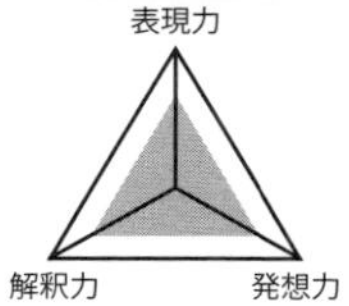

解答欄

【出題のねらい】明晰でこなれた文章を書く。

解答例

・ニュースによれば、高齢者ドライバーの事故が増えている印象を受けるが、『警察白書』によれば、ここ10年間、むしろ減っている。

・ここ10年間で高齢者ドライバーによる事故は増えているのだろうか。ニュースを見ていると増えているように思えるが、『警察白書』によればむしろ減っている。

解説

読み手に不明瞭さを与えない文章

読者モニターの解答では、もとの文章の2回目に出てくる「高齢者ドライバーによる」と3回目の「高齢者ドライバーが起こした」を削っただけのものが目立ちました（減点2）。これでも意味は通りますが、2回目と3回目の「事故」がどんな種類の事故なのか、その定義が明瞭ではありません（単なる「交通事故」か、あるいは「運転誤操作による事故」かもしれない）。読み手が不明瞭に感じない答案にのみ、10点満点を与えてください。

●語順を変えて余計な表現を削る

文章が冗長でこなれていないと思ったら、語順を入れ換え、余計な言葉を削るなどの工夫をしてみるといいでしょう。解答例はそうして書き直したものです。

元の文章を書いた人が、なぜ「高齢者ドライバー」という言葉を３回も使ったのかと考えると、ここで話題にする「事故」の定義を曖昧にしたくなかったからです。神経が行き届いていると言えばそうですが、そのために冗長で回りくどい文章になっています。用語の定義に厳密な理系肌の人にありがちな文章です。

読むチカラ

問題十二

脇の甘い表現を見逃さない

得点率

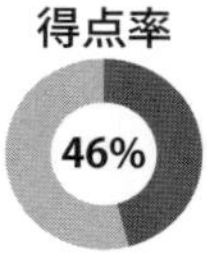

脳活性化チャート

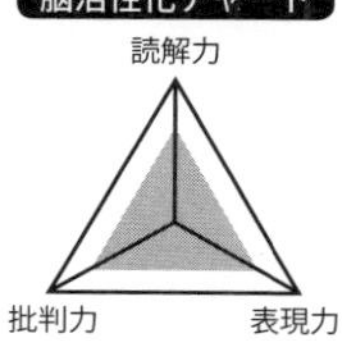

次の文章は、ある人のブログの一節ですが、根本的に勘違いしているか、わざと曖昧にしている点があります。それを指摘したうえで、筆者の主張に60字程度で反論してください。

先日訪れた山間の温泉地では、久しぶりに蛍を見た。旅館の女将に聞くと、十年前から地元が一体となって蛍の養殖放流に取り組んできたと言う。また、増えすぎた野生の鹿を計画的に駆除し、自然界のバランスを乱さないようにしているとも。なるほど、この地では人々が自然と共生しながら自然を守っている。人間が破壊してきた自然を、今度は人間の手で本来の自然の姿に戻す努力をしている。これこそが自然保護の正しい精神と言えよう。

解答欄

【出題のねらい】一番痛いところを突く。

解答例

・筆者は人間が介在する自然を「本来の自然の姿」と勘違いしている。自然とは人間の手が入らないありのままの状態を言う。
・人の手が加わった自然は「本来の自然の姿」ではない。その点を勘違いし、人間が自然を制御すべきと考える筆者は傲慢だ。

解説

筆者の言う「本来の自然の姿」が論点

受験生や大学生を教えている私の実感では、彼らのうちで筆者の誤りに気づけるのは2~3割程度と思われます。しかし、社会経験を積んでこられた読者モニターの方々は、さすがに筆者の欺瞞を見逃しません。ほぼ皆さん、問題の論点を把握できています。ただ、それを言葉で説明する段階で苦戦した方が目立ちました。

「蛍の養殖は自然保護ではない」「鹿の駆除は自然との共生ではない」など、具体例の部分のみを取り上げて反論した答案は減点2とします。筆者が後半で書く「本来の自然の姿」がそもそも誤った認識に基づいていることを指摘するのが批判の本筋です。

●抽象と具体を区別しながら読む

一般的に、文章では抽象と具体が対になっています。蛍の養殖や鹿の駆除の話は、「人間の手で本来の自然の姿に戻す努力」という抽象を説明する具体例です。抽象と具体を分けて読むことで、筆者の主張が明瞭になり、論点を絞り込めます。

具体例だけを抜いて「蛍の養殖は自然保護ではない」と指摘しても、「なぜそう言える？」と問い返され、それに答えるまでは反論が完結しません。しかし、筆者の主張の根拠となる抽象部分のまやかしを指摘すれば、相手はぐうの音も出ません。

知るチカラ

言い方ひとつで印象ガラリ

問題十三

次のぶしつけで侮蔑的な表現を、例にならって当たり障りのない表現に改めてください。

（例）空気の読めないおたく　↓　周囲に無頓着な趣味人

① デブの四〇男

② ケバい化粧の年増女

③ 失敗ばかりしているダメ男

全問正解率

36%

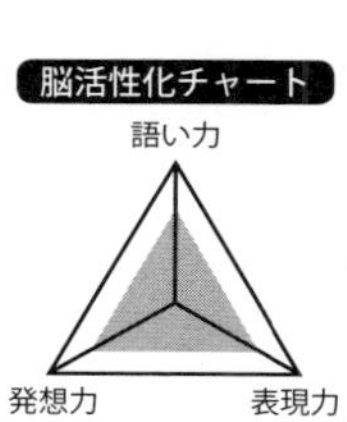

【出題のねらい】余計な敵を作らない。

解答例

①恰幅のよい中年男性／豊かな体格の40代男性／ふくよかで貫禄のある不惑の男性／ふっくらしたアラフォー男子

②派手めの化粧の年配女性／ばっちりメイクの美魔女／華やかに化粧をした大人の女性／目鼻立ちクッキリ化粧のおばさま

③成功に見放された運のない男性／成功するまで頑張り続ける粘り強い男／成功しない美学を貫く個性派男子

解説

悪口は糖衣に包んでさりげなく

井戸端会議でも女子会でも、人が集まればその場にいない人の悪口になるのが世の常です。しかし、なぜかその悪口が本人の耳に入ってしまい、人間関係がこじれたり余計な敵を増やしてしまったりすることも多々あります。これもまた世の常かもしれません。

右の解答例はすべて読者モニターの答案からとりました。悪口を言わないほうがよい場や集まりでは、こうした当たり障りのない表現がスッと出てくるように、日頃から練習しておきましょう。

●かえってキツいかもしれない解答例

個別の正答率は、①71%、②65%、③49%でした。差し障りのない表現にしたつもりなのに、人によってはもっと辛辣に聞こえるかもしれない「誤答例」を、モニター読者の答案からいくつか紹介します。

① 自分をコントロールできない中年男／マツコデラックスみたいな中年男性

② 年齢を重ね行き着いた極彩色のメイクの女性

③ しくじりばっかり繰り返すお馬鹿さん／何をやってもできない困った男

伝えるチカラ

身近にいる「そういう人」

問題十四

次の文を、例にならって具体的に説明してください（30字程度）。

（例）私はとても気が短い。

↓ 私は電話をかけて3秒以内に相手が出ないとイライラして切る。

① 彼女はとても気が強い。

② 彼はとても気が利く。

得点率

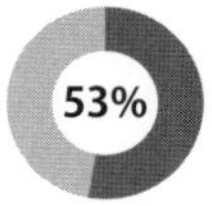

脳活性化チャート

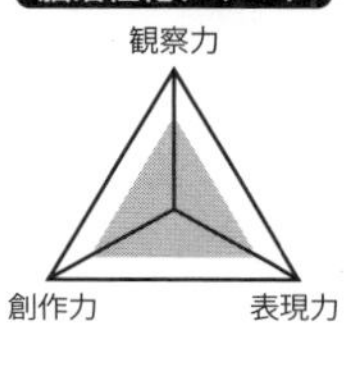

【出題のねらい】抽象を具体で説明する。

解答例

①彼女は嫌味と嫌がらせが酷い鬼姑に動じることなく、常に笑顔と敬語で受け流している。／彼女はママ友が恐れる横暴なボスママや陰険なPTA役員に対してハッキリ物を言える。

②彼にコピーを頼むと、誤字をチェックしたうえ、つけ忘れた資料まで揃えて綴じてくれる。／彼は出張で同室になる相手が使うアメニティ用品を、使う順番に並べておいてくれる。

解説

「とても」の程度感を出すのが難しい

簡単そうですが、かなり頭を使います。ただ気が強い、普通に気が利く、ではありません。「とても」という形容を上手な具体例で表し、10人中8人が「まさにソレ！」と首肯してくれる内容になっているかどうか。この条件を満たして10点満点です。

「とても」という程度の感じ方には個人差があり、そこで意見が割れることもあります。この問題は、周囲にいる何人かで一緒に解いて、お互いに採点し合うと楽しいでしょう。

● 具体的な言動だけで表現する

減点法で採点します。自己採点ではなく、周囲の人に採点してもらってください。「とても」の感じが伝わってこなければ減点2、別の性格（①なら「わがまま」「負けず嫌い」、②なら「心配性」「あざとい」など）に感じてしまうものも減点２です。さらに、「とても強気な態度で」や「細やかな気配りが上手で」のように、同義語や類義語を使って形容しているものは、厳しいようですが減点４とします。あくまでも、具体的な言動のみで描写することがポイントの問題です。

考えるチカラ

問題十五

無茶ぶりは発想の母

「今の時代、『バカ』は褒め言葉だ。」で始まる100字程度の文章を書いてください。

解答欄

【出題のねらい】物事をポジティブに捉える。

得点率

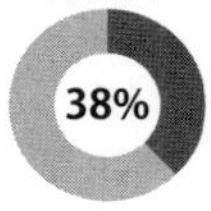

脳活性化チャート

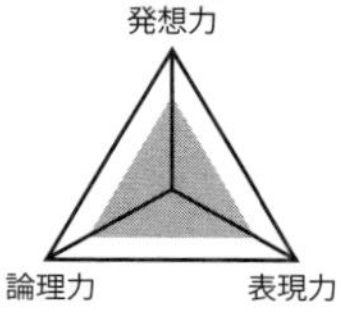

解答例

今の時代、「バカ」は褒め言葉だ。「バカ」は社会常識がなく無知だから、マニュアルや慣例に囚われない。グローバル化社会では、世間知にたけた偏差値秀才にない発想力や行動力を持つ「バカ」こそが独創を生み出す。（１００字）

解説

「バカのよい面」を「今」と結びつける

読者モニターで10点満点だった方は、概ね右の解答例のような趣旨の答案でした。無理にこじつけた感じが強い答案、屁理屈にしか聞こえない答案は減点4とします。また、「今の時代」との関連づけを書いていない場合は減点2にします。

「仕事バカ」「釣りバカ」「馬鹿力」「馬鹿になる（馬鹿のフリをする）」など、「バカ」は肯定的なニュアンスの表現にもなり得ます。ここから発想して、今の時代、これからの日本に必要な人材を思い浮かべてみれば、それほど難しく考えなくても解答例に近いことが書けるでしょう。

●「松コース」29題の成績発表

10点法の記述問題（11、12、14①②、15）を除く29題の読者モニター平均正答率は55％で、年齢区分別正答率と正答率ベスト３は次の結果でした。

・49歳以下……49％
・50歳代………58％
・60歳代………61％
・70歳以上……51％

《正答率ベスト３》
第１位　96％（68歳男性）
第２位　93％（58歳男性、55歳男性）
第３位　89％（54歳女性、48歳男性）

松コースの類題 ● 解答例／正解

類題❶（98ページ）
①我輩は気が短い。
②我輩は江戸で生れ育った。

類題❷（100ページ）
①様々な理由を考えて
②現在の進み具合を適切に／抜かりなく

類題❸（102ページ）
・ファイルは野菜で、フォルダは野菜を収納・保存する冷蔵庫の野菜室。
・ファイルは食器で、フォルダは食器を用途別に並べる食器棚。
・ファイルは包丁類で、フォルダは包丁をまとめて収納する包丁ケース。

類題❹（112ページ）
①私は頭が〔悪いほうではない／悪くはない〕。
　私は頭がよい（と言える）かもしれない。
②君は太りすぎ〔と言えなくもない／に見えなくもない〕。

類題❺（116ページ）
①女子高生
②レズビアン・ゲイ・バイセクシャル・トランスジェンダー
（注）「バイセクシャル」は両性愛者、「トランスジェンダー」は生物学的な性別と自己が認識する性別が一致しない人のこと。

類題❻（118ページ）
・「羨ましいです。ボクも、色男に生れていなければ今頃は、って思います」
（注）「色男金と力はなかりけり」の諺から。
・「凄いです。お義母さんからも聞きましたよ。『あの頃が主人の人生のピークだった』って」

追加のご注文承ります

特上ネタ

大学教養学部程度

国語だけなら東大にも受かっちゃう？

全部のチカラ

東大文科の入試小論文

総合問題

次の文章には、大きな「ごまかし」が含まれています。筆者は、おそらくは意識的に詭弁を用いているのでしょう。どのようなごまかしがあるのかを見つけたうえで、この文章に200字程度で反論してください。なお、便宜上、本文の段落に[1]～[5]の番号をふっています。

得点率 24%

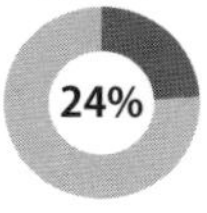

脳活性化チャート

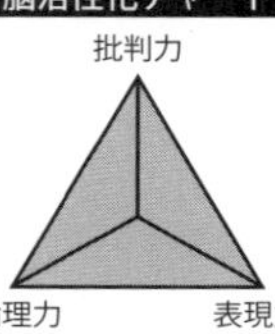

[1] 人間は言葉を書きつけることで、時間を越えようとしてきた。

[2] 古典文学を読む。源氏物語を読んでも、ホメロスを読んでも、ドストエフスキーを読んでも漱石を読んでも、鴎外を読んでも、過去と対話している。過去との対話こそが、読書の意味だ。

[3] 人は未来に向けて言葉をつづり、人は過去に向かって言葉を読み解く。八十歳ほどで死んでしまう人間が永遠を求めて言葉を発明したといえるだろう。言葉は、時間を越えて永遠を求めるものなのである。

[4] 今も永遠の言葉が生み出されている。優れた文学作品、優れた言葉の輝きを若い才能が作り出している。だが、一方、テレビやインターネットのせいだろう、その場限りの言葉ばか

りが大量に消費され、大量に消え去っている。その場限りの笑いを求めるだけの言葉、根拠のない他人の悪口を連ねるだけの言葉、書いているものの品性の悪さばかりを示す言葉、しばらくの間不快な気持ちにさせられ、数時間したら忘れてしまうような言葉が、テレビとインターネットの中を行きかっている。圧倒的に、その場限りの一回性の言葉が幅を利かせている。

5 これでは、永遠を求めるものである言葉を人間自らが堕落させているようなものだ。言葉を本来の姿に戻す努力をするべきではなかろうか。

【著者注釈】これは1994年の東大文Ⅲの小論文問題（井上ひさしの文章）を短く改めたものです。出題者はおそらく、「東大に合格したいなら、このくらいの詭弁はすぐに見破れなくてはならない」という意図のもとにこの問題を出題したのだろうと考えられます。

ヒントなしで書けそうなら、次のページで答案を作成してください。何をどう書けばいいのか思いつかなければ「誘導問題」（142～147ページ）を解いてから再挑戦してください。

●メモ欄（アイデア書き出し・下書き用）

●解答欄（清書用）

読むチカラ 「言葉」がどう定義されているか

誘導問題❶

課題文を読むときには、「それは何か（定義）」「現実に何が起きているのか（現象）」「その結果何が起きたのか（結果）」の３つのＷＨＡＴを考えることで、論点が見えやすくなります。

では、この文章の中で、筆者は「言葉」をどのように定義しているでしょうか。「言葉とは」に続けて書いてください。

● 3 WHAT＝《定義・現象・結果》の視点で読む

まずは、筆者が言葉をどう定義しているのかを読み取り（第３段落）、それは正しいのかと考えてみます。さらに、言葉をめぐって起きている「現象」と、それによって引き起こされた「結果」に着目して読解します（第４段落）。

これらの《３つのWHAT》を意識することで、文章を批判的に深く読むことができます。

【解答】言葉とは（時間を超えて）永遠を求めるものである。

知る チカラ

筆者の定義を疑う

誘導問題 ❷

筆者の「言葉」の定義が適切かどうか、考えてみましょう。筆者が第3段落で語る「言葉」とは、言葉の一部ではないでしょうか？そのような疑問をまとめた次の文章の空欄①、②を埋めてください。

第3段落では「人は未来に向けて言葉をつづり、人は過去に向かって言葉を読み解く」「人間が永遠を求めて言葉を発明した」と書かれている。しかし、私たちはそのように言葉を使っているとは限らない。ほとんどの場合は「　①　」に向かってであって、過去の人や未来の人に向かってではない。つまり、人は、永遠を求めて言葉を発明したわけではない。人が永遠を求めて発明したのは、「言葉」でなく「　②　」と呼ぶべきだ。つまり、筆者は「言葉」と「②」をごっちゃにして論理を混乱させている。

● 言葉のもつ二面性に着目する

「言葉」には、話し言葉と書き言葉があります。言葉の使用は人間の特性ですが、文字を持たない社会は少なくありません。日本も中国から漢字が入ってくるまでは無文字社会でした。書き言葉は立派な言葉で、話し言葉は汚い言葉だと思われることがありますが、目の前にいる人に何かを伝えようとすることこそ、本来の言葉の役割だという考え方もあります。

【解答】①目の前にいる人／同じ現在を生きる人　②文字

考えるチカラ

「話し言葉」の定義を考える

誘導問題❸

第5段落で、筆者は「言葉を本来の姿に戻す努力をするべき」と述べています。つまり、テレビやインターネットで飛び交う「話し言葉」は「言葉の本来の姿」ではないということです。この主張に反論するために、「話し言葉」の定義を考えてみましょう。次の文はその定義について述べたうえで考察したものです。空欄①、②を埋めてください。

「話し言葉」は、人とのつながりや社会とのつながりを求めて発する、コミュニケーションの重要な手段だ。人間は（　①　）のない時代から、会話によって社会生活を成り立たせ、口承によって伝統文化を次の世代に伝えてきた。つまり、（　①　）よりも（　②　）のほうが言葉の本来の姿だと私は考える。

● 筆者の主張をひっくり返すことも可能

課題文の筆者は、文字を重視し、話し言葉を本来の言葉ではないとみなしています。しかし、「話し言葉」の定義を考えてみると、まったく逆の考えが生まれるでしょう。「文字は死んだ言葉だが、本来の言葉は生きた言葉、生まれてすぐに消える会話の中の言葉だ」という考えも成り立ちます。会話で使われるぞんざいな表現こそが「本来の言葉」ともいえるのです。

【解答】①文字　②話し言葉

伝える チカラ

文章の骨格を作る

誘導問題 ❹

筆者の主張に反論する文章を書くために、次のようなメモをとりました。①～④をどの順番で書くと、文章としてのまとまりが最も出るでしょうか。200字で書くことを考えて並べ替えてください。

①言葉は本来、その場で消えるものだ。
②「永遠を求める言葉」を本来の言葉とする筆者に私は反対だ。
③「話し言葉」こそが本来の言葉である。
④筆者は「文字」と「言葉」を混同し、永遠を求める言葉である文字を重視している。

● 筋道立った文章を書くコツ

200字程度の文章でまとまりを作るには、最初にズバリと結論（②）を示すのがコツです。その後、なぜそう考えるかの説明を加えていきます。人の意見への賛成・反対を述べる場合には、相手の意見の矛盾点、間違っている点を探し出して指摘し（④）、それがなぜ間違っているか、真実はどうなのかを説明していきます（①→③）。こうすると、筋道立った文章になります。

【解答】②→④→①→③

書く チカラ

骨格に肉づけをしていく

誘導問題❺

メモをつなげて下書きを書いたところ、次のようになりました。

「永遠を求める言葉」を本来の言葉とする筆者に私は反対だ。筆者は「文字」と「言葉」を混同し、永遠を求める言葉である文字を重視している。言葉は本来、その場で消えるものだ。「話し言葉」こそが本来の言葉である。（１０１字）

文字数は１００字余りで、２００字には足りません。より説得力をもたせるために、「確かに〜。しかし…。」の文体や具体例を用いて肉づけしたいと思います。

次の文章はこうして清書したものです。空欄①、②を埋めてください。ただし、②には直前の文を具体的に補足・説明する文を書いてください。

●「確かに…。しかし〜。」の効果とは？

「確かに…。しかし〜。」というパターンを使うと、文章を論理的に肉づけできます。一般社会でも、「確かに君の言い分もわかる。しかし…」という言い方がよくなされますが、それと同じ手法です。反論に考慮して、自分の考えが一方的なものではなく客観的なものだと示します。つまり、広い視野に立って判断していることを示すことができます。そうして、反対意見の根拠をつぶしながら、自説を説明するのです。

「永遠を求める言葉」を本来の言葉とする筆者に私は反対だ。筆者は「文字」と「言葉」を混同し、永遠を求める言葉である文字を重視している。確かに〔　①　〕。しかし、私たちの多くは言葉をそのように使ってはいない。すなわち〔　②　〕。言葉は本来、その場で消えるものだ。「話し言葉」こそが本来の言葉である。

解答例A

①文学者は永遠の言葉を文字で残し、未来に伝えたいだろう。
②周囲や社会とのつながりを求め、今、目の前にいる人に伝えたい言葉を発する。

解答例B

①文字のおかげで、永遠の言葉が作品として後世に伝えられる。
②文字がない時代から人々は話し言葉を使って生き、社会や文化を築いてきた。

●「具体例」や「言い換え」を用いる

文章に説得力を持たせるには、具体的にはどのようなことがあったのかなどを例として示す必要があります。抽象的なことを言ったら、その具体例を示すのが文章を書く場合の原則です。

また、読んでいる人がわかりにくいだろうと思ったら、別の言い方をして説明を加えます。そうしたことを多用して、読んでいる人がイメージを思い浮かべやすいように書いていきます。

解答例 ● よい答案から学ぶ

1 人間は言葉を書きつけ文章化し、小説にすることで過去と対話し読書という形で時間を越え永遠を求めて来た。一方テレビやインターネットは言葉を書きつけたり一方的に言葉を投げ付けており、未来に向けての言葉というよりは、その一瞬一瞬の思いの言葉となって発せられている様で、時間を越えて永遠を求める物とは全く異なっていると思う。同じ次元では説明出来ないのではないかと思う。

（52歳 女性）＊8点

寸評 **豊かな表現力が光る**

話し言葉の本質を、「一瞬一瞬の思いの言葉となって発せられている」と瑞々しく表現した点が素晴らしく、これが小説との違いを際立たせ、「同じ次元では説明出来ない」との書き手の主張に説得力を与えています。どこかで「文字」という言葉を使い、「筆者のごまかし」を思い切りよく指摘すれば、10点満点の答案になります。

● 採点基準と総評

10点満点による採点ですが、細かい表現や言い回しには頓着せず、言葉の定義に言及できているかどうかを基準に点数化しました。読者モニターの答案では「読書の意味」に焦点を当てたものが目立ちましたが、その中にも満点に迫る答案がいくつかありました（解答例２参照）。受験生や大学生の答案とはひと味違い、社会経験や見識の深さを感じさせてくれます。ここで取り上げる４つの答案をじっくりと味わってください。なお、誤字・脱字の修正以外は手を加えず、原文をそのまま掲載しています。

2　読書は過去との対話ではない。対話は相互作用であり読書は一方通行だ。読む行為は読み手に影響を与えるが未来の読み手が、書き手に影響を及ぼすことはない。そして書き手は未来に向けて永遠を求めて書いてはいない。言葉も文章も意思や思考の伝達手段であり、基本的に同時代の現存する人間に対し発せられるものである。従って常に流動的であり、その事が今の読み手が過去を学ぶ為に重要な手掛かりとなる。過去を知り現在を理解し未来に活かす事が読書の意味である。

（58歳　男性）＊9点

寸評　「読書の意味」からごまかしを暴く

問題文前半の「読書の意味」を論点にすると、どうしても「言葉と文字」の主題から離れてしまいます。しかし、この答案では「言葉も文章も意思や思考の伝達手段であり、基本的に同時代の現存する人間に対し発せられるものである」と鋭く迫ることで、「言葉は永遠を求めるもの」とする筆者の主張を覆しています。

緻密な論の組み立ては見事です。「読書」と「対話」の相違に関連して「文字」の介在に触れていれば、非の打ち所がありません。

● シニア世代が得点率を引き上げる

読者モニター用の問題にはヒントの「誘導問題」がなく、梅・竹・松コースと合わせて、Ａ４用紙25枚分に詰め込んだ問題を短期間で解いていただきました。かなりきつかったと思います。「戦意喪失」による白紙答案が出てくるのもやむを得ません。

白紙答案を除いて集計した得点率は64％でした（平均6.4点）。とてもよい成績です。年齢区分別の得点率は、70歳以上68％、60歳代71％、50歳代61％、49歳以下54％で、60歳以上のシニア世代が得点率アップに貢献してくれました。

3　言葉が発明されたのは、決して長くはない寿命の人間が永遠を求めたからではない。言葉はあくまで、単なるコミュニケーションツールとして発達したにすぎない。その中で、人間は残すべきことに関しては、文字や語り継げる形にして残したのだ。「言葉本来の姿」とは、日々消化され、消えさり、そして新たに生まれることこそ指し示すのではないか。

（24歳 男性）＊10点

寸評　**ムダなく、スキのない文章**

言葉の本来の機能を、端的に「コミュニケーションツール」と定義することによって、多くの言辞を弄することなく筆者への反論をほぼ達成できています。そのうえで、コミュニケーションツールとして日々消費されている言葉こそが「言葉本来の姿」であると強調して締めるあたりは、スキがなく明快です。

最後のところで「そして新たに生まれる」とつけ加え、筆者が貶める話し言葉に肯定的な意味合いを持たせたのも、心憎いばかりの筆致です。ちょっとしたことですが、このフレーズが文章全体を引き締めています。

● 言葉が私たちの考え方を規定する

言葉が「コミュニケーションの道具（ツール）」であるのはその通りですが、私たちは言葉を通して外界の事物を認識し、物事を考えています。その意味で、言葉は「思考のための道具」とも言えます。そして、この「道具＝言葉」は社会・文化に深く根ざしていて、私たちの物の見方・考え方を縛っている側面もあります。このような言葉の様相をとてもわかりやすく描いた名著に、『ことばと文化』（鈴木孝夫著、岩波新書）があります。言葉に少しでも興味を持たれた方は、この機会に是非ご一読ください。

4 そもそも言葉はコミュニケーションのツール。それの進化形が文字であり、言葉は飛躍的に発達していった。その結果の一つに古典文学などがあり、時間を越えて語り継がれている。ただ、言葉は文字からさらに進化している。例えば映像を伴うテレビが典型で、さらに今では世界中を繋ぐインターネットが出現している。確かに一回性の言葉がほとんどだが、これも言葉の多様性の象徴。中にはネット文学が生まれ永遠なる芸術作品が出てくるかもしれない。

（68歳 男性）＊10点

寸評　鳥瞰的な視点による反論

冒頭で「コミュニケーションのツール」という本来の言葉の定義を示し、筆者が定義する言葉はその「進化形」の「文字」に過ぎないと指摘しています。組み立て方は前の答案とほぼ同じです。ただし、この書き手の真骨頂はそのあとの展開です。引き続き言葉の「進化」と「多様性」に焦点を当て、筆者が腐すネットから新たな芸術作品が生み出される可能性に言及することで、筆者の視野狭窄を鳥瞰的に批判しています。知性が光る完璧な答案です。

●意欲や意地、チャレンジ精神の大切さ

年齢や得点に関係なく、この問題で何か書いてくださった読者モニターの「松コース」（10点法の記述問題を除く29題）の正答率は、70％に達していました（平均は55％）。義務でも試験でもなく、書いたところで一文の得にもならないのに、それでも原稿用紙を埋めてくださった方々の答案からは、物事に前向きな気持ちや興味、あるいは意地やプライド、チャレンジ精神のようなものを感じ取れます。こうした姿勢が脳を活き活きとさせ、若さを保つ秘訣になるのだと改めて感じました。

まだまだ物足りない方へ

極上ネタ

文学部大学院程度

「自分史」執筆、作家デビューは近い！

全部のチカラ

樋口式オリジナル問題

総合問題

次のA～Cの三つの文章には共通点があります。その共通点を見つけ出したうえで、この三つの文章と共通点のある四つ目の文章を２００字程度で書いてください。

得点率

脳活性化チャート

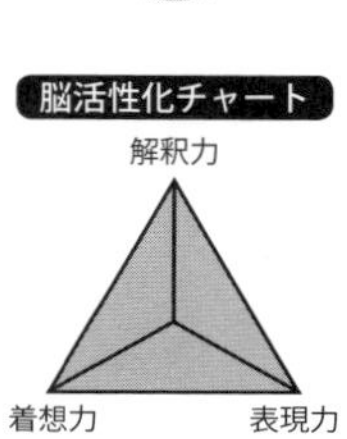

〔A〕

息子が小学校に通っていたころのことだ。息子がクラスの男の子とケンカをしたという知らせを担任の先生にもらった。ところが、息子の言い分と相手の男の子、そしてその仲間の子どもの言い分が異なる。息子は相手が先に意地悪をした上に、手を出したのも相手が先だと言う。相手の二人は逆のことを言う。遠くから見ていた息子の友だちは、先生の聴取で息子の言うとおりだと証言したらしい。そして、驚いたことに、事情を知らずにその様子を見ていた女の子は、みんなで仲よく遊んでいると思い込んでいたと言う。

〔B〕

インドで行われた調査について本を読んだことがある。その地域ではヒンドゥー信者が大半で、イスラム教徒は迫害を受けていた。そこでは、「イスラム教徒はうそつきだ」と多くの人が信じていた。そして、実際にその地域のイスラム教徒にはうそつきが多かったという。しかし、隣接した他の地域では、むしろ「イスラム教徒は誠実だ」というのが常識だった。つまり、迫害され、経済活動からも政治活動からものけ者にされた地域では、イスラム教徒は、生き延びていくためにうそをつくしかなかったのである。つまり、誤解であったものが、後に事実になってしまったのである。

〔C〕

小学生は学校の授業で事実を学ぶ。だが、それだけでは、その事実は子どもたちの頭の中に本当の事実として定着しない。その事実を日常生活の中で確認することによって、本当の事実として認識する。たとえば、教科書で魚のひれの仕組みを習うだけではなく、川で魚を見て、それを釣ったり捕まえたりして、ひれの様子を見て、習った内容を自分の目で確かめてこそ、事実になるのである。

出典：『クリティカルシンキング アドバンスⅠ』（白藍塾編・学研アソシエ発行）

ヒントなしで書けそうなら、次のページで答案を作成してください。何をどう書けばいいのか思いつかなければ、「誘導問題」（158～161ページ）を解いてから再挑戦してください。

●メモ欄（アイデア書き出し・下書き用）

●解答欄（清書用）

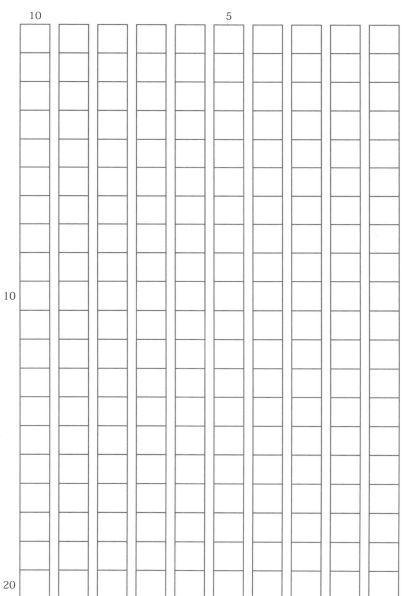

読むチカラ 「事実」をどう捉えるか

誘導問題❶

Aの文章では、息子のケンカについて、当事者や見ていた人の証言が食い違っています。これについてBの文章との共通点をふまえて正しく述べているものを、次のア〜エから選んでください。

ア　証言が食い違うのは誰かが嘘をついているからである。
イ　この場合、女の子の証言が、一番中立的で信用できる。
ウ　人間は自分を守るために事実をねじ曲げることがある。
エ　事実は確定的なものではなく、見る人によって異なる。

●見る人によって「事実」が異なる理由

「事実は１つ」というのが、一般的な考えの基本です。もちろん、起こったことは１つでしょう。しかし、人がそれを「事実」とみなす場合、自分のわかる事柄に当てはめて考えます。自分にまったく体験がないと、それを理解できず、「事実」として認識できません。ですから、見る人の体験や考え方によって、同じ出来事でも別の「事実」に見えてしまうのです。

【正解】エ

考えるチカラ

「事実」をめぐる考え方

誘導問題❷

Bの文章では、インドにおけるイスラム教徒に対する見方が、隣接する二つの地域でまったく異なっていることを述べています。その理由について、Aの文章との共通点をふまえて正しく述べているものを、次のア〜エから選んでください。

ア　事実を裏づける客観的なデータが存在していないから。
イ　事実は1つではなく、状況や立場で揺れ動くものだから。
ウ　1つしかない事実が、誤解や偏見で歪められるから。
エ　子どものケンカや宗教対立では、多数派が事実を作るから。

●「事実」と偏見は紙一重

どの国でも多数派と少数派は利害が対立します。多数派は自分たちの文化が当然のものであり、少数派をその破壊者とみなします。少数派は、就労や教育などさまざまな差別の中で生きる必要に迫られ、結局は多数派からみなされる通り「育ちが悪く、無教養で粗暴な人々」にならざるを得ない面があります。そして、結局はそれが事実のように扱われてしまうのです。

【正解】イ

書く チカラ

違う具体例で説明する

誘導問題❸

Cの文章では、事実は外から与えられるものではなく、教科書などで学んだ知識が自らの体験を通して確認されたとき、初めて事実として認識し、受け入れられると述べています。このことを本文とは別の具体例を用いて説明してください。

解答例

不思議な動作をする外国人を見たとき、何をしているのかを理解できない。それを自分たちの経験や知識から、たとえば「雨乞い」とみなせたとき、初めて「事実」として認識する。

● 経験や知識を動員して想像し、考える

文章を読むとき、文中の具体例とは異なる例を考えることによって、いっそう理解が深まります。とりわけ、外国の書物を読むとき、文化の違いなどから、その例が自分の日常に当てはまらないことがあります。

そのようなとき、別の例を思い浮かべることによって、その出来事の意味、それを経験している人の心情などを想像することができます。文章を読むにも書くにも、別の具体例を思い浮かべるのは大事なことです。

伝える チカラ

共通点のある事例を示す

誘導問題❹

A～Cの文章の共通点は、「事実は確定的なものではなく、見る人や状況によって、あるいは知識や経験の有無によっても違う」ということです。次のア～エのうち、これと共通点のある「四つめの文章」を書く際の事例として不適切なものを選んでください。

ア　虹の色は日本では7色だが、6色や5色の国もある。
イ　好きになった女性のあばたは、可愛いえくぼに見える。
ウ　歴史的事件に対する評価は、国や人によって異なる。
エ　選挙ポスターの写真と実物の候補者は別人に見える。

●「事実」は文化や感情にも左右される

太陽の絵を描くとき、日本の子どもは赤色で、欧米の子どもは黄色で描くと言われます。物の見え方やイメージは、その国の文化や言語に強く縛られる面があるからです。また、人間は自分に都合のよい情報や解釈だけを認める傾向があり、これも「事実」の捉え方を左右します。選挙ポスターが本人と別人に見えるのは、メイクや写真加工の問題で、これらとは無関係です。

【正解】エ

解答例 ● よい答案から学ぶ

1 老人施設で働く介護職員のAさんはいつも老人達に「あの人は冷たい。あまり頼んだ事をしてくれない」と不親切な職員と言われてしまっている。ある日、テーブルにお茶を配ったときもAさんは老人から少し遠くに茶碗を置いた。回りの老人達は「また意地悪をして」と口々に話したが同僚達は知っていた。その少し遠くに置かれた茶碗を取る為に体を動かす。その日常動作が手足の廃用を防ぐ効果がある事を。

（53歳 男性）＊10点

寸評 **凄味のあるリアリティ**

ある人物の言動をめぐる評価の違いを描く答案は、他にも多数ありました。この答案が光るのはリアリティです。私たちが正しいと思ってきた常識や経験則を覆す世界が、こんなに身近なところにある、という現実にハッとさせられます。職員側の視点で語りつつ、どちらが正しいのかを明言していないのもポイントです。

● 採点基準と総評

「事実は確定的でない」という趣旨をふまえているか。３つの文章とは違う切り口で書けているか。この２点を重視して採点しました。ここでは、10点満点の答案の中から、着想や個性がそれぞれ異なる秀作を掲載します。

読者モニターの答案では、「事実を見極めるべきだ」「事実かどうかの検証が大切だ」など、「事実は１つ」という前提で書いたものが目立ちました。「特上ネタ」より書きやすかった割に、苦戦した印象があります。

2 今、世間の話題は日馬富士の暴行問題ではなかろうか。日馬富士は確かに貴ノ岩に暴行を加えた。それは事実である。当初、その場に居合わせた人間がそれぞれ違うことを言い、本当の真実が錯綜した。警察の事情聴取により明らかになってきたものの事態は複雑になり解決には至らない。本当の事実はなんだったのかわからない。ましてや相撲協会と貴之花親方の関係によりさらに問題は深くなった。

（59歳 女性）＊10点

寸評　読み手を引き込む巧みな構成

「旬のネタ」を取り上げることで、読み手の興味は否が応でも高まります。いかに読んでもらうか、飽きさせないように書くか、ということをよく心得ています。

構成も見事です。最初に「それは事実である」と断言しておきながら、「本当の真実が錯綜した」「本当の事実はなんだったのかわからない」「さらに問題は深くなった」と、事実の不確実性を徐々に浮かび上がらせていきます。しかも、実際その通りになっている現実が、文章の説得力を後押ししています。

● 両方で高得点を取るのは難しい

「特上ネタ」で満点だった方が、この問題では５、６点で伸び悩む傾向が見られました。逆に、「特上ネタ」で３点以下でも、こちらでは満点を取った方が３名いました。奇妙な「逆転現象」は興味深いところです。

「事実は確定的でない」という文章の趣旨を、素直に受け入れられるか、受け入れられないかの違いでしょうか。あるいは、物事を理詰めで考えるのが好きな人は、この問題との相性があまりよくないのかもしれません。

3　古着の振売の市松とおすずの若夫婦。市松が商いから戻るとおすずが横になっている。「どうした具合でも悪いのか？」「なんだか胸が悪くて、なにちょっと休めばすぐに良くなるさ」。「いや今朝の汁の豆腐が傷んでたに違いねえ。あの棒手振り残り物をおっつけやがったな？」。井戸端で聞いていた産婆のお勝「ああ、男はだめだねえ、そりゃ子ができたんだろうが」「何？　本当かい？」。そこに路地で遊んでいた隣の三吉が「おいらおすずさんが番屋で芋買ってるのを見た。おいらこの前芋食って腹こわした。おすずさんもきっとそうだ」。

（58歳　男性）＊10点

寸評　**ザッツ・エンターテイメント！**

サービス精神満点、読み手をほっこり楽しませてくれる快作です。舞台を江戸の長屋に移した着想が素晴らしく、「四つめの文章」に期待される役割を十二分に果たしています。個々の主観、経験にもとづく「事実」を台詞としてつなぎながら、情報が錯綜し混乱していく様子を軽妙に描いています。短い字数で４人もの人物の個性を描き分け、長屋風情を現前させる筆力に感服しました。

● シニア層苦戦、50歳代と女性陣が健闘！

「特上コース」では、60歳以上のシニア層が得点率を引き上げましたが、「極上コース」では逆に苦戦しています。この問題で10点満点を叩き出した読者モニター６名の中に、60歳以上の方はひとりもいません。ちなみに、解答例として選んだのは、たまたまですが全員50歳代の答案です。

また、「特上ネタ」で満点だった方（４名）は全員男性でしたが、「極上ネタ」は半数の３名が女性でした。これもまた興味深い結果です。

4　つい最近話題に上った色覚の違いである。あるスニーカーがSNSに載った。その色をある人は、「グレーに青だ」と言い、またある人は、「ピンクに白だ」と言った。なぜこのような違いがおこったのかというと、本来はピンクと白のスニーカーが暗所で撮影されたため、錯覚でグレーと青に見える人がいたのである。端からピンクと白に見えた人は、脳内で色を自動補正していたのである。こうして色覚の違いがおこるのである。

（52歳 男性）＊10点

寸評　**感覚や経験の不確かさに迫る**

ネット社会でのタイムリーな話題を素材とした着眼は、解答例2とも共通しています。さらに、「四つめの文章」として、3つの文章とは違う「感覚」をテーマに据えたセンスが光ります。

視角や聴覚、味覚など、五感が捉える世界の姿は相対的なものでしかないことに、改めて気づかされます。私たちの経験は、言葉とともに感覚器や身体を通じて受容し、蓄積されるものです。だとすれば、私たちは他者と同一の認識、経験を持つことが可能なのか、という哲学的な命題に向き合わざるを得ません。

● 記述問題の個人成績ベスト3

10点法による記述問題の成績です。「松コース」が50点（問題11、12、14①②、15を各10点×5）、「特上ネタ」と「極上ネタ」で50点（配点を2.5倍して各25点×2）、合計100点満点で換算しました。

第1位　97.5/100点（58歳男性）
第2位　91.0/100点（52歳男性）
第3位　90.5/100点（53歳男性）

あなたの日本語の基礎力・活用力は？

【巻末付録の使い方】

1. 問題を解きます。
p.168 ～ 181

2. 答え合わせをします。
p.182 ～ 190

3. あなたの日本語力をチャートに記入します。
➡ p.191

【記入例】

基礎力
判定チャート

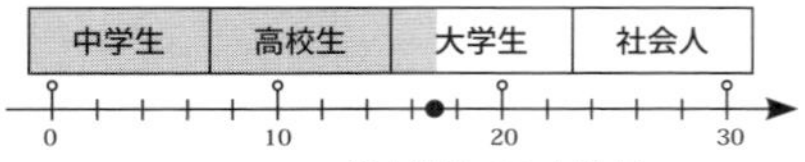

▲「基礎力」では、日本語活用のベースとなる知識・判断・思考のレベルを、言語能力の発達段階（中学・高校・大学・社会人）に照らして評価・判定します。

活用力
判定チャート

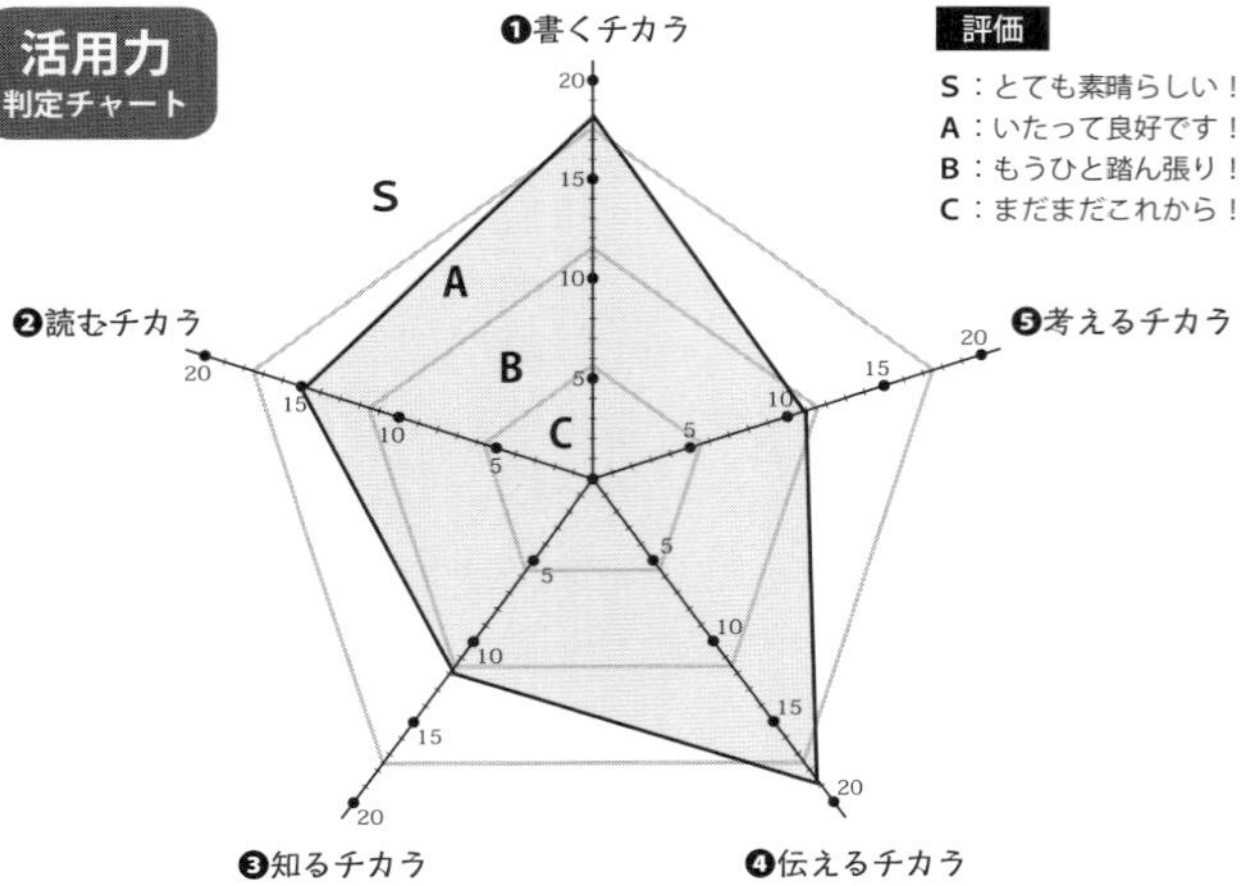

▲「活用力」では、日本語操作能力の５つの要素について、Ｓ・Ａ・Ｂ・Ｃの４段階で評価し、各々のバランスを五角形チャートの形によって判定します。

あがり

巻末付録

樋口式日本語力判定テスト

1 書く チカラ

●配点20点

問1 次の文を「です・ます」調に改めてください（ただし〈終止形＋です〉は不可）。（3点）

自宅で血圧を測ると正常値だが、病院で測ってもらうと高い。

問2 次の文を「です」「ます」「だ」「である」「～ない」を語尾に使わずに書き換えてください（会話体、体言止め、方言、古典語は不可）。（3点）

私は東大生である。

問3 次の文の傍線部を、「～ない」または「～なかった」の否定表現で終わる同じ意味の文に書き換えてください。（各1点×2）

①職場の中で私だけがタバコを吸う。

②禁煙を決意したものの、3日で挫折した。

問4 次の文を、傍線部を主語（主部）として書き始める文に改めてください。（各2点×2）

①彼は彼女の嘘に動揺した。

②彼は彼女への殺意を抱いた。

問5 次の文章を読んで、後の〔A〕～〔C〕の問いに答えてください。

ア私の出身高校の野球部が、甲子園出場を果たした。母校の甲子園出場は学校創立以来、初めてのことだ。ただ、イレギュラーの中に地元出身者は一人しかいないらしい。それを聞いて私は複雑な気持ちになった。確かに、選手がどこに移動して指導を受けようが自由だが、そもそも地域の代表として出場する全国大会で、地域を代表する選手が少ないのでは地域を代表していることにはならない。野球留学が当然のことになると、大げさに言うと、地域の連帯、地域の文化を破壊することにつながりかねない。ゆえに私は野球留学に反対だ。

〔A〕傍線部アの2つの文を、35字以内の1つの文に書き改めてください。（2点）

〔B〕傍線部イを、「地元出身者」のかわりに「野球留学による他県出身者」を使って同じ意味の文に書き換えてください。（2点）

〔C〕筆者の主張に対して、「野球留学は地域の連帯や文化を破壊しない」という立場から、100字程度の反対意見を書いてください。（4点）

2 読む チカラ

● 配点20点

問1 下の楽譜は、ある童謡の出だしの4小節です。曲名を次のア～ウから選んでください。（2点）

ア　めだかの学校
イ　赤とんぼ
ウ　大きな古時計

問2 次の文を、意味が通じるように漢字や読点などを用いて書き直してください。（各2点×2）

(例) すもももももももものうち。↓ スモモも桃も、桃のうち。

① いっかいはさんかいさんかいはしかい。
② はかいはいかいみょうはふよう。

問3　道路交通法では、「軽車両」を次のように定義しています。後のア〜エのうち、「軽車両」に該当するものをすべて選んでください。該当するものがなければ「なし」と答えてください。（3点）

自転車、荷車その他人若しくは動物の力により、又は他の車両に牽引され、かつ、レールによらないで運転する車（そり及び牛馬を含む。）であつて、身体障害者用の車いす、歩行補助車等及び小児用の車以外のものをいう。

（道路交通法第二条第一項第十一号）

ア　軽自動車　　イ　軽トラック　　ウ　人力車　　エ　馬

問4　次の文章を読んで、後の〔A〕〜〔D〕の問いに答えてください。

一線で働いていたころ、仕事をもらうために見栄を張らざるを得なかった。知らないことを知らないと言い、できないことをできないと言い、自分は小さな会社の平サラリーマンですと言うわけにはいかなかった。見くびられるのが何より怖かった。が、退職した今、もう見栄を張っても意味がない。これからは、自慢するだけにしよう。過去の出来事を面白おかしく話して、そこにちょいとした自慢を加えよう。私がどれほど活躍したか、どれほど魅力的だったかを話そう。そのくらいなら、話を聞く人も我慢してくれて、私が名前を持った人間だとわかってくれるだろう。

〔A〕文中では、「見栄」と「自慢」が区別して書かれています。筆者がどのように両者を区別しているのか、その違いを述べた次のア〜エのうち、適当でないものを選んでください。（2点）

ア　自分を偽らなければならないのが見栄、自分を偽らなくてもよいのが自慢。
イ　個性や人格を包み隠すのが見栄、個性や人格を際立たせるのが自慢。
ウ　相手に見下されないための見栄、相手より優位な立場に立つための自慢。
エ　言いたくないことを無理に話す見栄、言いたいことを我慢せずに喋る自慢。

〔B〕筆者が働いていた当時、仕事の取引先でどんな見栄を張ったと考えられますか。本文から想像できる見栄の内容として最も適当なものを次のア〜エから選んでください。（2点）

ア　先方に納期を一日早めてほしいと頼まれたが、「できないことはできない」と言うと角が立つので、「社に持ち帰って相談します」と言ってうまくお茶を濁した。

イ　新しい担当者はワインが趣味だと聞き、ワインのことを知らない自分はワインバーに通っていっぱしの知識を身につけ、その担当者とワイン談義に花を咲かせた。

ウ　商談中にたまたま野球の話題になったので、高校時代に野球部の副キャプテンを務め、地区大会の準決勝でホームランを打った思い出を話し、その場を盛り上げた。

エ　実際にはほとんど関わっていない会社の新事業について、さも自分が発案して立ち上げ、プロジェクトチームの中で重要な役割を担っているかのように話した。

〔C〕　「もう見栄を張っても意味がない」と書かれていますが、なぜ、筆者は、定年後は見栄を張っても意味がないと考えているのでしょう。簡単に説明してください。（3点）

〔D〕　筆者は自慢の効用をどのように捉えているでしょう。１００字程度で説明してください。（4点）

3 知る チカラ

●配点20点

問1 次の文の空欄に入る数字を書いてください。（各1点×3）

①鉛筆1ダースは（　　）本です。

②1合は約（　　）CCです。

③1間（いっけん）は約（　　）メートルです。

問2 次の例文の傍線部の由来（語源）を答えてください。（各1点×3）

（例）先週の小規模な噴火は、ほんの序の口にすぎなかった。↓ 相撲

①ここまでこじれたからには、もう裁判で白黒つけるしかない。

②成金趣味の豪邸がうちの隣に建った。

③彼女は彼を見るなり、ぷいとそっぽを向いてしかとした。

問3 上弦の月が西の地平線近くに見えているときの形を描いてください。（3点）

問4 次の2つの違いをわかりやすく説明してください。（各1点×3）

（例）カブトムシのオスとメス　↓　オスには角があるが、メスには角がない。

①イヤリングとピアス
②タンメンとワンタンメン
③ロープウェイとケーブルカー

問5 次の文の〔　　〕内の言葉を正しく漢字変換してください。（各1点×3）

（例）よいことが続くが、〔こうじまおおし〕と言うから注意しよう。↓好事魔多し

①第1ラウンド早々ノックアウトされ、〔いっぱいちにまみれた〕ボクサー。
②バブル期の土地転がしは、まさに〔ぬれてであわ〕だった。
③居酒屋で相席になったのが馴れ初めとは〔そでふりあうもたしょうのえん〕だね。

問6 「風が吹けば桶屋が儲かる」という諺は江戸時代から言い伝えられています。どういう理屈でそうなるのかを、次の語句などを用いて説明してください。（5点）

砂ぼこり　三味線　鼠

問1 コンビニのレジで、店員と客が次のような会話を交わしています。それぞれどういう意味で言っているのか、誰にでもわかるような会話表現に書き換えてください。（各1点×2）

店員「ポイントカードは大丈夫でしたでしょうか」

客　「大丈夫です」

問2 次の①、②の傍線部を短い名詞形に書き改めてください。（各2点×2）

（例）「歳を取ることによる腰痛です」↓加齢／老化

①「痛みを抑える作用のある薬をください」

②「では、出す薬の種類や服用法などを薬剤師に指示する書類を書きましょう」

問3 次の①、②を買ってきてほしいのですが、品物の名前をどうしても思い出せません。それぞれ買い物をお願いする人がわかるように説明してください。（各1点×2）

（例）エシャレット　↓　細長いらっきょうのようなもの。シャキシャキしてピリッと辛い。青い茎の部分を折りたたみ、5～6本を1束にして売っている。

①福神漬け
②シェービングフォーム

問4 次の文章を読んで、後の〔A〕～〔C〕の問いに答えてください。

以前、「スピードか死か」という交通安全標語を見た。「スピードと死は隣り合わせである。死にたくなければ（ ① ）」というメッセージを、わずか7文字で表現したインパクトのある標語だと思った。ただ、「どちらかを選べと言われれば、死にたくないので私は（ ② ）」と受けとめる人も出てきそうだ。言葉にうるさい人なら、むしろこちらの解釈を支持して警察にクレームを入れるかもしれない。

解釈の仕方によって、二つの相反する意味のメッセージが浮かび上がるのは、標語としてふさわしくない。おそらく警察内部でもそのことが議論されたのだろう、その後、この標語は「 ③ 」というキャッチコピーに変わっていた。確かにこれなら解釈のぶれは生じない。そのかわり、最初の標語がもっていたインパクトは薄まってしまった。痛し痒しである。

〔A〕 本文の趣旨に合うように、空欄①、②をそれぞれ埋めてください。（各2点×2）

〔B〕　空欄③に入る標語は、「〜か　…か」という文のスタイルは同じなのですが、語数が増えて10文字になりました。どんな標語に変わったのかを考えて書いてください。（3点）

〔C〕　傍線部「痛し痒しである」とはどういうことでしょうか。本文の趣旨に即して80字程度で説明してください。（5点）

5 考えるチカラ

●配点20点

問1 通常、筆記試験では氏名と性別を書く欄があります。ところが、最近は公務員採用試験や高校入学試験などで性別欄を廃止する自治体が増えてきました。その理由として最も適当なものを、次のア～エから選んでください。（3点）

ア　採点業務を簡略化するため
イ　男女平等の理念を具現化するため
ウ　性的少数者への配慮のため
エ　個人情報流出時の被害を最小限にするため

問2 次の〔　〕内の読み方を組み換えて、例文に合う別の意味の言葉にしてください。（各1点×3）

（例）〔いい毛〕がない夫にはうんざり。↓〔敬意〕がない夫にはうんざり。
①手術は〔今日しない〕ですませます。
②〔竹満載〕のさいたま市。
③電車の中では〔中間に位置〕しなさい。

問3 最近は、分別ゴミの「燃えないゴミ」の表記を「燃やせないゴミ」や「燃やさないゴミ」などと改める自治体が増えています。その理由を推測して書いてください。（5点）

問4 カーリングは、ストーン（石）をハウス（円形の的）に向けて投じ、ストーンの位置による得点を競う「氷上のチェス」と呼ばれるスポーツです。得点の計算法は次のようになっています。

1　ハウスの中心に一番近いストーンを投げたチームが得点権利を得る。得点権利のないチームは常に0点である。

2　得点は、負けたチームの一番中心に近いストーンより内側にある勝ちチームのストーン1つにつき、1点がカウントされる。

3　ストーンの一部がハウスに少しでも入っていれば、そのストーンは得点の対象となる。また、ハウスに描かれた色と得点は関係ない。

図1

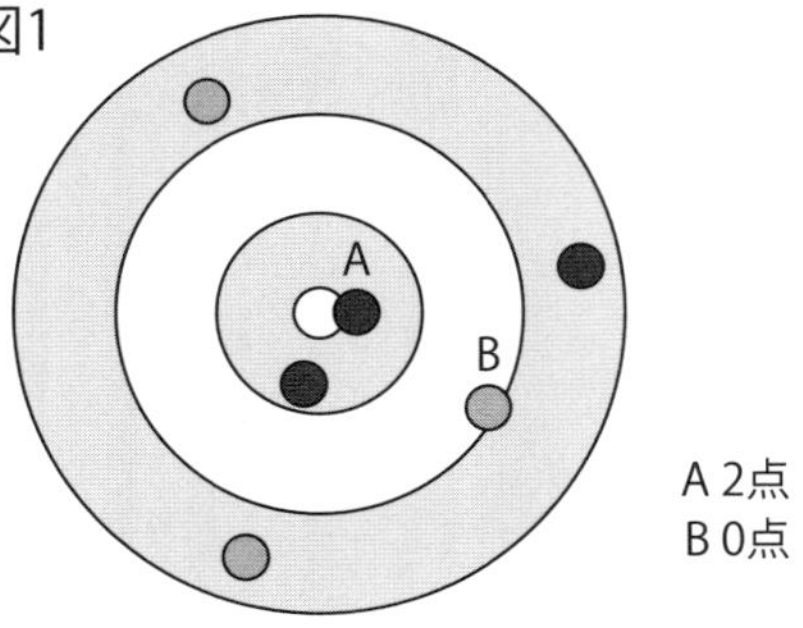

たとえば、右下の図1の場合、得点権利はAチームに与えられ、負けたBチームの一番中心に近いストーンの内側にAチームのストーンが2個あるので、Aチーム2点、Bチーム0点となります。

では、次の図2、図3、図4の場合はどうでしょうか。両チームのスコアを書いてください。いずれもAチームのストーンを●、Bチームのストーンを●で表しています。

（各3点×3）

図2

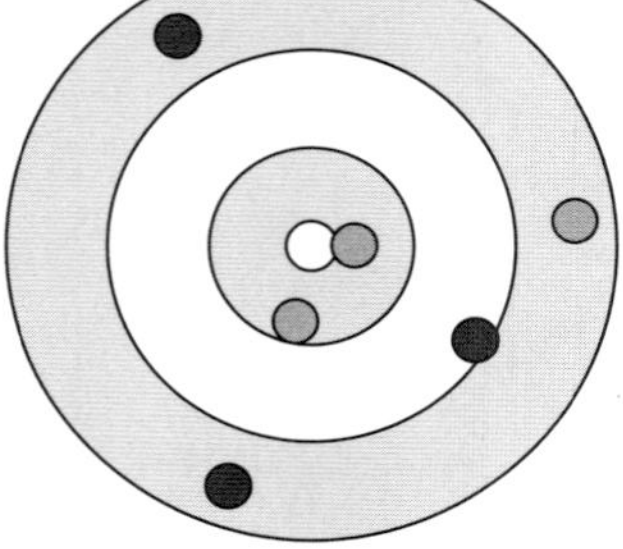

図3

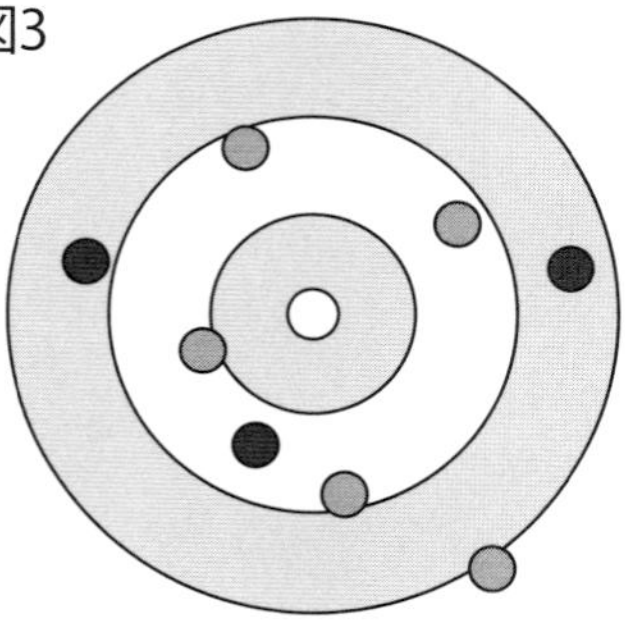

図4

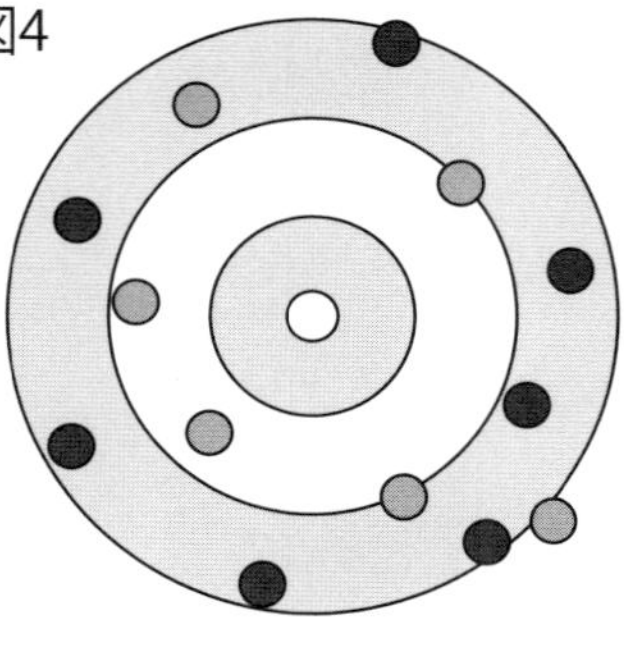

問題は以上です。

解答例／正解●得点集計

以下では、正解が複数ある設問を「解答例」、正解が1つしかない設問を「正解」と表記します。「解答例」ではオーソドックスと思われる解答を示します。解答例に照らして自己採点してください（減点も自己裁量で）。判断できないときは、あなたの身近にいる人に採点してもらい、納得できなければ別の人にも見てもらってください。

1 書くチカラ

●問1解答例（3点）

自宅で血圧を測ると正常値〔ですが／なのですが〕、病院で測ってもらうと〔高く出ます／高くなります／高い値になります〕。……など。

「高いです」は〈形容詞の終止形＋です〉より減点1。

●問2解答例（3点）

私は東大に〔通っている／籍を置いている／所属している／入学した／合格した〕。

私は東大の学生証を〔持っている／携帯している／交付されている〕。

私は東大の学生として活動している。／私は東大生としてここにいる。……など

●問3解答例（各1×2点）

①私だけしかタバコを吸わない。／私以外はタバコを吸わない。

②3日ともたなかった。/3日と我慢できなかった。/挫折するのに3日とかからなかった。
3日で断念せざるを得なかった。……など

●問4解答例（各2点×2）

①彼女の嘘が〔彼を動揺させた/彼に動揺を与えた〕。……など

②彼女への殺意が彼（の中）に〔芽生えた/生じた/湧いた〕。……など

●問6解答例

〔A〕（2点）

私の〔母校/出身高校〕の野球部が、学校創立以来初の甲子園出場を果たした。

〔B〕（2点）

レギュラーは一人を除きすべて野球留学による他県出身者で占められている。

〔C〕（4点）

1　野球留学で入学した他県出身者は、地元出身者と切磋琢磨しながら友情を深め、学校や地域に溶け込んでいる。地域の連帯や文化を壊すのは野球留学ではなく、彼らを地域の代表と認めない排外主義的な考え方のほうだ。（99字）

2　野球留学でチームが強くなるのは、他県出身者に刺激された地元出身者が意識を変えて練習に取り組み、競争を通じてチームが一つにまとまるからだ。ここには融和こそあれ、地域の連帯や文化を破壊する要素は一切ない。（100字）

３　チームを強くするには、地元出身の部員も含め、学校や父兄、地域が連携して一体となる必要がある。野球留学でチーム力が上がることは、むしろ地域の連帯感を深め、それが地域文化を活性化させる原動力にもなる。（98字）

【解説】　1は、排外主義的な考え方が地域の連帯を分断し、地域文化を衰弱させるとの視点で反論。2、3は、野球留学によるチーム力の向上は、地域の連帯を強めるという視点で反論。

1 得点集計

Ⅰ　問1と問2の得点合計（配点6点）　□点

❶「書くチカラ」の得点合計（配点20点）　□点

2 読むチカラ

●問1正解（2点）

イ

●問2正解（各2点×2）

①一階は産科医、三階は歯科医。　②墓、位牌、戒名は不要。

●問3正解（3点）

ウ、エ（順不同可、完答で3点）

●問4

〔A〕正解　ウ　（2点）

〔B〕正解　エ　（2点）

〔C〕解答例　（3点）

会社の利益や自分の立場を守る必要が、退職とともになくなったから。／組織のしがらみから解放され、見栄を張ってでも守るべきものがなくなったから。……など

〔D〕解答例　（4点）

他人の評価を気にして見栄を張るのと違って、自慢は自分を偽らなくてよいので罪悪感やストレスがない。しかも、上手に自慢話をすることで、周囲の人に自分という存在を認めてもらえ、自分自身も気持ちよくなれる。（99字）

【採点基準】　自慢の効用に「名前を持った人間として認めてもらえる」という要素を挙げていることが正解の条件。右の解答例では、「自分という存在を認めてもらえ」がその言い換え。

2
得点集計

Ⅱ　問1と問2の得点合計（配点6点）　□点

❷「読むチカラ」の得点合計（配点20点）　□点

❸ 知る チカラ

●問1正解（各1点×3）

①12　②180　③1・8

●問2正解（各1点×3）

①囲碁　②将棋　③花札／花札の絵札「鹿の十（とお）」

【解説】「しかと」は、花札の「鹿の十」（鹿がそっぽを向いている絵柄）の略語が由来。

●問3正解（3点）

●問4解答例（各1点×3）

①イヤリングは耳たぶにはさんでつけ、ピアスは耳たぶの穴に針を通してつける。

②タンメンは炒めた野菜が具のラーメン、ワンタンメンはワンタンを具に加えたラーメン。

③ロープウェイはロープにゴンドラをつり下げ、ロープを巻き上げる。ケーブルカーはレール上の車両にケーブルをつなぎ、ケーブルを巻き上げる。

●問5正解（各1点×3）

①一敗地に塗れた

②濡れ手で粟

③袖振り合うも多生／他生の縁

【解説】「一敗地に塗れた」は、完膚なきまでに叩きのめされること。「濡れ手で粟」は「泡」と間違えやすい。「多生」は「他生」でも可とする。「多少」と間違えやすい。

●問6解答例（5点）

風が吹くと砂ぼこりが舞って、眼病で失明する人が増え、（音曲で生計を立てるために）三味線の需要が高まる。（三味線には猫の皮を張るので）三味線の需要が高まると猫が減る。猫が減ると（猫が天敵の）鼠が増える。増えた鼠は家々で桶を齧ってだめにするので桶屋が儲かる。

3 得点集計

Ⅲ　問1と問2の得点合計（配点6点）　□点

❸「知るチカラ」の得点合計（配点20点）　□点

4 伝える チカラ

●問1解答例（各1点×2）

店員「ポイントカードをお持ちでしたら、ポイントをおつけします」

客「いいえ、（持っていないので）けっこうです／その必要はありません」

●問2正解（各2点×2）

①鎮痛／鎮静

②処方箋（せん）

●問3解答例（各1点×2）

①カレーライスに添える赤くて甘い、シャキシャキした漬物。

②カミソリでひげを剃る前につける泡。スプレー缶で売っている。

【採点基準】自分の解答を人に読んで聞かせ、その商品の名前を当ててくれたら正解。

●問4

〔A〕解答例（各2点×2）

①スピードを〔出すな／落とせ／緩めろ〕／制限速度を守れ

②スピードを選ぶ／スピードを出す方を選ぶ／制限速度を守らない方を選ぶ

〔B〕解答例（3点）
スピードダウンか　死か／スピード落とすか　死か／制限速度を守るか　死か
〔C〕解答例（5点）
標語のインパクトを重視すると別の意味に解釈される恐れがあり、それを防ぐために言葉の正確性を重視すると、今度は標語のインパクトが薄まってしまうということ。（76字）

4 得点集計

Ⅳ　問1と問2の得点合計（配点6点）　□点

❹「伝えるチカラ」の得点合計（配点20点）　□点

5 考えるチカラ

●問1正解（3点）
ウ
●問2正解（各1点×3）
①内視鏡　②埼玉県　③痴漢に注意

●問3解答例（5点）

1　実際には燃えるのだが、燃えて有害物質を出すゴミは、「燃えない」のではなく「燃やせない」もしくは「燃やさないゴミ」として分類する方が正しく、混乱を招きにくいため。

2　「燃えないゴミ」と書くと、本来なら粗大ゴミとして別に出すべき金属製品や石などの不用物も、「燃えないゴミ」と勘違いして捨ててしまう人がいるため。

●問4正解（各3点×3）

図2　Aチーム0点、Bチーム2点

図3　Aチーム0点、Bチーム1点

図4　Aチーム0点、Bチーム4点

5 得点集計

V　問1と問2の得点合計（配点6点）　□点

❺「考えるチカラ」の得点合計（配点20点）　□点

次に、集計した得点（I～Vと❶～❺）をもとに日本語の「基礎力」と「活用力」を判定します。「基礎力」では、日本語活用のベースとなる知識・判断・思考のレベルを判定します。

樋口式日本語力判定テスト結果

基礎力
判定チャート

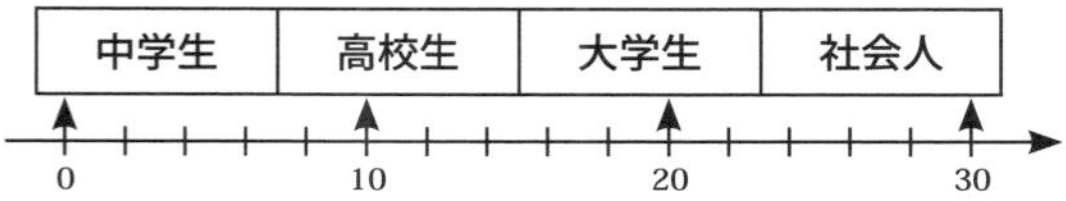

Ⅰ＋Ⅱ＋Ⅲ＋Ⅳ＋Ⅴ の得点総計（30 点満点）

活用力
判定チャート

評価

S：とても素晴らしい！
A：いたって良好です！
B：もうひと踏ん張り！
C：まだまだこれから！

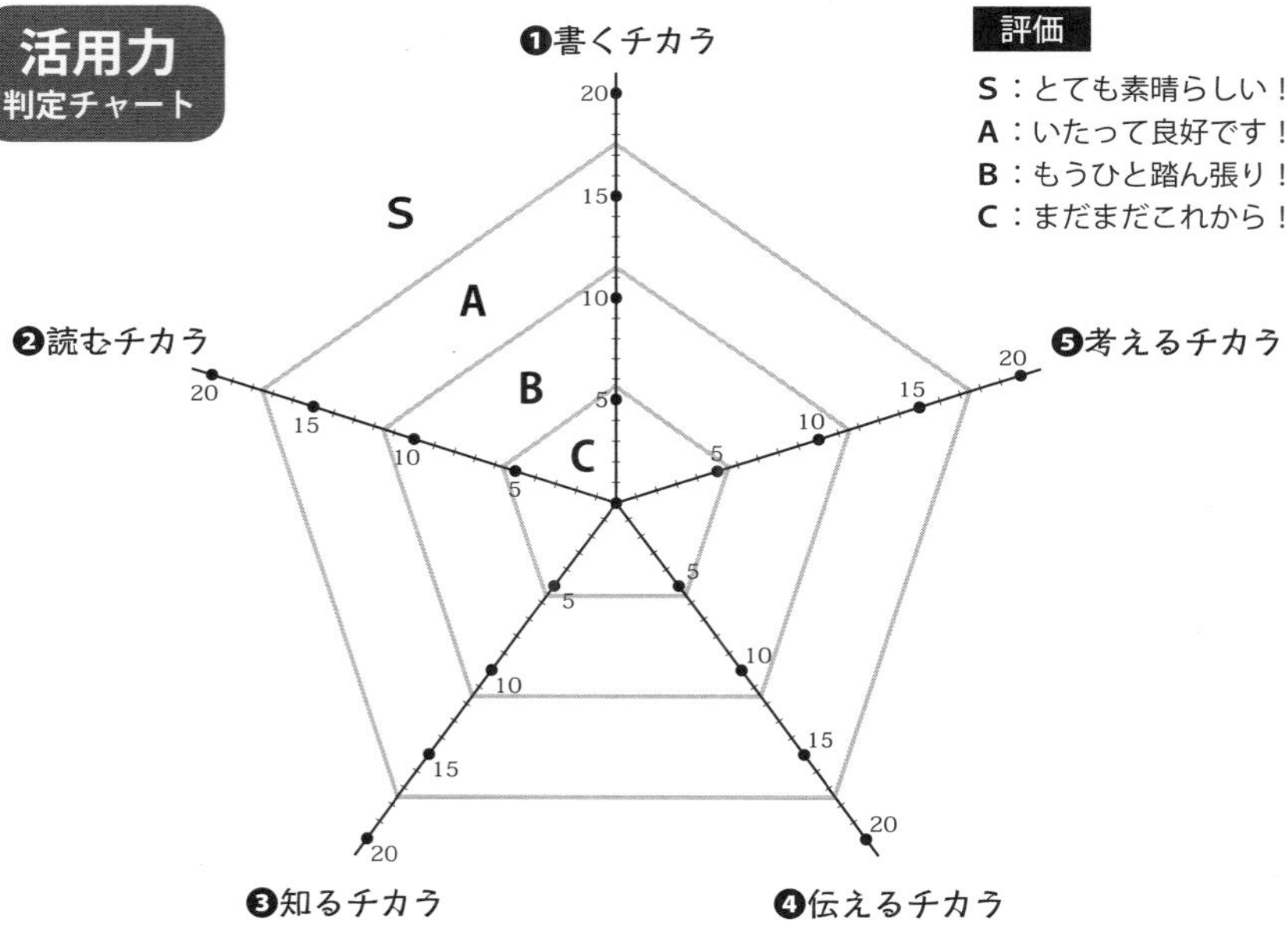

判定方法

■基礎力判定チャート

1） Ⅰ＋Ⅱ＋Ⅲ＋Ⅳ＋Ⅴ（30 点満点）の合計得点を出す。

2）「判定チャート」に照らして基礎力レベルを判定する。

（例）合計得点が 16 点の場合は「大学生レベル」。

■活用力判定チャート

1） ❶～❺の得点合計を、それぞれ「判定チャート」の得点目盛りに記入する。

2）「判定チャート」に記入した目盛りを線でつなぐ。

3）「５つのチカラ」のバランスを五角形チャートの形で把握する。

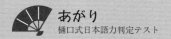

■著者プロフィール

樋口裕一（ひぐち ゆういち）

大分県生まれ。早稲田大学第一文学部卒業。多摩大学名誉教授。通信指導による小論文・作文塾「白藍塾」塾長。東進ハイスクール客員講師。作家。数々のベストセラー参考書で全国受験生から「小論文の神様」と呼ばれる。

270 万部を超える大ベストセラー『頭がいい人、悪い人の話し方』（PHP 新書）の他、『ホンモノの文章力』（集英社）『樋口裕一の小論文トレーニング』（小社刊）など著書多数。

樋口裕一のひとつ上の日本語ドリル

2018 年 6 月 28 日　　初版第 1 刷発行

著者　　樋口裕一

ブックデザイン　　諸星真名美
カバーイラスト　　田辺誠一
本文イラスト　　黒澤麻子
編集／作問協力　　日守研

発行者　田中幹男
発行所　株式会社ブックマン社
〒 101-0065 千代田区西神田 3-3-5
TEL 03-3237-7777　FAX 03-5226-9599
http://www.bookman.co.jp

ＤＴＰ　　明昌堂
印刷・製本　図書印刷株式会社

ISBN 978-4-89308-903-8